LA LAISSE

ŒUVRES DE FRANÇOISE SAGAN
DANS PRESSES POCKET

FRANÇOISE SAGAN

LA LAISSE

roman

JULLIARD

© Julliard, 1989

ISBN 2-266-03774-9

à Nicole Wisniak Grumbach.

CHAPITRE I

Je rentrai à pas de loup dans l'obscurité de notre chambre. C'était une pièce très féminine, tendue de tissu indien, où le parfum de Laurence, exquis et lourd, flottait comme à l'accoutumée et, comme à l'accoutumée, me laisserait sans doute quelque migraine, d'autant qu'après deux ou trois cutis positives dans son adolescence la mère de ma femme l'avait persuadée de dormir volets et fenêtres clos.

Mais je venais de passer cinq minutes à respirer l'air violent, frais, l'air de campagne de Paris à l'aube, toutes fenêtres ouvertes dans ma salle de bains, et je me sentais parfaitement bien en me penchant sur ma belle Laurence endormie. Plaqués sur l'ossature classique de son visage, ses longs cheveux noirs lui donnaient cet air de vierge romane que j'avais dès l'abord remarqué chez elle. Elle soupira. Je m'inclinai davantage, posai les lèvres sur son cou. Elle était, malgré son obsession de minceur, très plaisante, ainsi épanouie, la peau rose et les cils noirs. Je tirai le drap pour la dénuder un peu plus mais elle le rabattit sur ses épaules comme choquée.

— Ah je t'en prie ! Non ! Ces lubies... dès l'aube ! Vraiment ! Reste tranquille !

Elle avait, comme bien des femmes, le travers de dire d'une voix écœurée : « Mais tu ne penses donc qu'à ça ! » lorsqu'on songeait au plaisir avant elle, ou « Tu ne m'aimes donc plus ? » d'une voix désincarnée lorsque c'était le contraire. Ardente au déduit — pour citer les classiques — Laurence parlait néanmoins de l'amour comme n'en parlent pas les putains, mais seulement les femmes du monde, de manière puérile et crue. D'ailleurs, quelle femme parle décemment de l'amour ? Les hommes ne font pas mieux, à ce que j'en sais.

— C'est vrai, dis-je, nous sommes fâchés.

— Je ne suis pas fâchée, je suis attristée.

— Attristée ? Mais de quoi ? Qu'ai-je fait ? demandai-je, déjà résigné à ce que la faute m'incombât.

Et en effet il semblait que j'avais échangé la veille, à un dîner, des phrases à double sens avec la jeune femme d'un banquier : alors que je me rappelais avoir eu du mal à trouver même un embryon de sens à notre conversation.

Il s'avérait surtout que ce mari banquier était un intime de mon beau-père — personnage odieux avec lequel nous étions brouillés depuis sept ans, depuis qu'il avait décrété que je n'étais qu'un pâle voyou et que je me mariais dans le seul but de piller son unique, son innocente et richissime enfant. Comme la sourde méfiance n'était pas son style mais plutôt la bruyante accusation, Laurence en avait été bouleversée. Qu'on allât à présent lui raconter que non content de dépouiller sa fille, je la ridiculisais de surcroît, déplaisait beaucoup à Laurence, qu'après sept années l'opprobre et l'éloignement paternels accablaient encore.

Nous nous étions rencontrés elle et moi deux ou trois ans après la fin de mes études de piano au Conservatoire et mariés presque aussitôt, malgré les doutes qu'entretenait son père sur ma carrière de virtuose. Et des doutes, sept ans plus tard, il aurait été en droit d'en entretenir de plus en plus (ou de moins en moins) si par hasard on ne m'avait demandé d'écrire la musique d'un film ; lequel film avait été un vrai succès et ma musique un véritable triomphe : elle avait été, elle était interprétée depuis par tous les chanteurs, les orchestres, tous les interprètes d'Europe et à présent des U.S.A. J'allais donc toucher quelque argent et me trouver à même de rendre à Laurence un peu de ce que je lui devais. Or, curieusement, celle-ci qui avait fort bien pris mes années d'oisiveté et d'échec se révélait effrayée par cette superbe aubaine et même s'en désolait au point que je lui en voulais de ne pas partager ma chance et ma satisfaction.

Le succès de cette mélodie avait été assez exceptionnel, par exemple, pour que l'on en recherchât l'auteur. Affolée, Laurence m'avait entraîné illico dans les îles de la Baltique pour fuir les « si vulgaires médias », comme elle le disait avec mépris. Ils s'étaient rabattus en mon absence sur le metteur en scène et sur les acteurs du film et notre retour avait eu lieu dans un Paris parfaitement indifférent à ma personne. Mais il n'empêchait que Laurence gardait sa fureur et son agacement — et sa méfiance — intacts, comme si j'y étais pour quelque chose.

D'autre part, autant je lui reprochais le déplaisir

que lui donnait mon succès, autant je ne pouvais m'empêcher de le comprendre. Laurence avait épousé ou voulu épouser un pianiste célèbre, un virtuose, que je n'étais pas devenu (mais qu'elle ne m'avait jamais reproché de ne pas devenir). En revanche, elle n'avait pas épousé un compositeur de variétés ; elle n'avait pas, pour un faiseur de «tubes», quitté sa famille, défié son père et ses menaces de la déshériter ; ni imposé sept ans, en tant que mari et en tant que musicien, à des amis snobs et mélomanes, un homme qu'ils disaient son gigolo, non sans mauvaise foi d'ailleurs, puisque Laurence avait mon âge, une grande beauté et la passion de la musique.

Elle avait proclamé en tout cas en m'épousant que l'art importait plus que l'argent, principe absurde pour son cercle familial (mais dont j'espérais lui avoir apporté quelques preuves, par des moyens dérivés et, d'après elle, agréables). Elle avait dû lutter pour me faire admettre dans ce milieu qui était snob, fourbe et amoral comme les autres et avec l'approbation duquel il était normal que mon beau-père me méprisât. Le malheureux avait dû se résigner déjà à ce que sa propre femme nous léguât en mourant toute sa fortune (car la mère de Laurence était la seule personne sympathique de cette famille. Elle était même attachante et je dois dire que, s'il n'avait été aussi providentiel, son décès m'aurait beaucoup attristé.) Enfin, pour en revenir au présent, je voyais bien qu'il fallait réconforter Laurence.

— Ma chérie, je ne te trompe pas et tu le sais ! Si, si, décidai-je, tu le sais ! Par choix, *mon* choix personnel. Le fait que tu m'offres la nourriture, le gîte, l'habillement, l'argent de poche, les cigarettes, l'automobile, les assurances...

— Tais-toi ! cria-t-elle.

Laurence ne supportait pas l'énumération de ses bienfaits à mon égard, ou plus exactement elle ne supportait pas que ce soit moi qui la fasse ; elle voyait là un masochisme inquiétant, comme si tout au contraire le rappel de sa générosité, des misères qu'elle m'épargnait, n'était pas pour moi une raison supplémentaire de l'aimer.

— Arrête ! cria-t-elle en se penchant en avant, arrête ! cria-t-elle en jetant ses mains autour de mon cou, arrête ! dit-elle en posant sa joue sur la mienne.

— Voyons, dis-je en la berçant, voyons. Tu as bien vu, quand même, cette pauvre femme, tout en os, avec ses cheveux paille et son nez en l'air. Non ?

— Peut-être. Oui, enfin...

— Tu ne vas pas me dire que c'est mon genre de beauté ? lui demandai-je en riant moi-même de cette insanité. Regarde-toi, s'il te plaît.

Et elle hocha la tête, murmura « oui, évidemment. » (comme si l'alternance n'avait pas de charme... Mais les femmes n'ont la logique que de leur bonheur). En attendant, la prochaine fois, je resterais à dix mètres de cette personne.

Je me levai :

— Bon ! Eh bien, je vais dévaliser « Pas un sou » ! déclarai-je abruptement, riant aussi fort que possible d'une plaisanterie usée mais dont j'espérais que Laurence rirait aussi et que j'aurais le temps, ainsi, de traverser la pièce et de prendre la porte avant que son visage ne passe de l'amusement au reproche, comme le mien de l'amusement à la culpabilité ; car mes absences, même si Laurence ne me le disait pas, lui étaient toujours insupportables, nerveusement ou caractériellement, je l'ignore. En tout cas c'était une réaction remarquable, me semblait-il, après sept ans de mariage, et qui devait être portée à l'actif de ce dernier.

J'eus le temps de passer la porte et de m'engager dans l'escalier vers «Pas un sou». Le «Pas un sou» que je venais d'évoquer était le producteur de ma maison d'édition — celle de ma musique *Averses* — intitulée «Delta Blues Productions». Malgré tous ces américanismes et ses voyages incessants à New York, le nom de Palassous, tout autant que ses costumes cintrés et ses chaussures bicolores, trahissait son origine méridionale. Ferdinand Palassous avait une réputation exécrable de producteur sans scrupule, cupide, mais capable aussi de rétribuer ses poulains s'ils lui rapportaient quelque argent — ce que j'avais fait — et s'ils le lui réclamaient assez violemment — ce que j'allais faire — avec l'aide de mon meilleur ami, Coriolan Latelot.

Coriolan avait mon âge et mon passé. Nous étions nés la même année dans la même rue du même arrondissement. Nous avions fait nos études dans le même lycée, notre service militaire dans la même caserne, partagé les mêmes filles et la même dèche jusqu'à l'arrivée de Laurence. Ils ne se supportaient pas l'un l'autre, par une antipathie du premier jour dont je me serais accommodé s'ils n'avaient tenu à se la manifester en toute occasion, elle lui reprochant de n'être pas un voyou mais de les jouer, et lui, lui reprochant d'être une bourgeoise qui, en plus, forçait son rôle: raillerie devenue grief avec le temps.

Nous avions rendez-vous, Coriolan et moi, devant le *Lion de Belfort*, notre café et quartier général habituel. Coriolan travaillait au bout de la rue Daguerre, dans son atelier de garagiste, et son siège de bookmaker était à l'autre bout de la rue Froidevaux, à deux minutes réelles de notre appartement.

Laurence et moi avions choisi entre tous les biens immobiliers de sa mère ce cinquième étage d'un immeuble dans les hauteurs du boulevard Raspail, juste après le boulevard Montparnasse; cela me mettait à trois cents mètres non seulement de Coriolan, mais aussi du quartier de mon enfance (ce que j'avais soigneusement dissimulé à Laurence). Renseignée plus tôt, elle aurait, je le savais, sûrement choisi parmi l'éventail immobilier de sa famille un appartement plus éloigné de ce quartier que je connaissais par cœur. Laurence aurait aimé me dépayser vraiment et m'offrir, en plus d'une nouvelle vie, d'un nouvel amour et d'un nouveau confort, un nouvel arrondissement. L'enlèvement de son musicien n'était pas aussi complet qu'elle l'aurait voulu, mais les quelques tentatives qu'elle avait faites par la suite pour déménager étaient tombées sur un homme de bois. Bien sûr, bien sûr, je n'aurais pour rien au monde tenté de m'opposer à ses décisions ou contrarié un bonheur qui était aussi le mien, après tout, bien sûr, tout en moi me retenait de lui tenir tête. Mais en même temps la contrariété m'avait toujours coûté des migraines quasiment féminines, des silences épais, des prostrations interminables qui l'avaient, elle aussi, découragée de me contrer trop assidûment... bref, nous en étions restés là — c'est-à-dire boulevard Raspail.

Je partis donc retrouver mon Coriolan et malgré la proximité de notre rendez-vous je pris ma voiture, un superbe coupé offert par Laurence à l'occasion de mon anniversaire trois ans plus tôt; c'était un animal noir, beau, précis, puissant, souple comme une musique de Ravel et luisant aussi ce matin-là dans les rayons d'un soleil provisoire. Je fis un crochet par le boulevard Raspail et le boulevard Montparnasse, puis l'avenue de l'Observatoire, afin de profiter de ma voiture et de son ronronnement; car Paris était vide. Les piétons, fatigués de remettre et d'enlever leur imperméable pour suivre les éclaircies et les ondées, s'étaient définitivement mis à l'abri; et les rues désertes et mouillées s'allongeaient luisantes et lisses, comme d'immenses otaries, sous le capot de ma voiture. La lumière tremblait et j'avais l'impression de glisser ainsi sans aucun mal et sans un bruit à l'intérieur d'une de ces bulles, mi-soleil mi-pluie, mi-air mi-liquide, mi-nuage mi-vent, un de ces ravissants instants — indescriptibles pour la météorologie — que nous offrent parfois et par hasard les hésitations du ciel. En revanche, la tornade de la nuit d'avant ne s'était pas interrogée, elle, sur le sort de ces feuilles qu'elle avait furieusement décrochées des arbres, quel que fût leur âge : des plus rousses jusqu'aux plus vertes, pousses ingénues et candides, de la découpe du bord à la ligne blanche de l'arête centrale. Et dont je vis mes essuie-glace, lorsque je les déclenchai machinalement, ramener des paquets à la surface de ma vitre, les mêler aux sinueux filets de pluie. Tandis que ces engins zélés les partageaient en deux troupeaux avant de les rejeter au caniveau, leur dernière prairie, je les vis, ces feuilles, je les vis se plaquer contre le verre froid et me supplier, face à face, de faire pour elles je ne sais quoi — que mes yeux froids de citadin ne comprirent pas.

Cet accès de sensiblerie (chez un individu aussi équilibré que je l'étais, de l'avis général) ne devrait pas étonner. Les hommes ne connaissent rien dans certains domaines ; et supposer, imaginer des nerfs, des souffrances, des cris, des hurlements à tout ce que nous pouvons toucher, à tout ce que nous pouvons abîmer, à tout ce que, moi, je devinais vulnérable et silencieux — horriblement silencieux — me déprimait par moments. Musicien, je savais que nos chiens sont plus réceptifs que nous-mêmes, que l'oreille humaine ne capte pas le centième des sons émis autour d'elle. Je savais aussi que l'herbe écrasée fait un bruit inimitable par le plus sophistiqué des synthétiseurs.

— Enfin !

La portière s'ouvrait et la tête de Coriolan s'y présenta. C'était une tête d'Espagnol ulcéré quoiqu'elle fût, en cet instant-là, hilare. Certains divorces entre un physique et un caractère peuvent être troublants, mais il effrayait carrément dans le cas de Coriolan. Cet homme était l'allégorie même d'un noble espagnol frappé par le déshonneur, au point que ses meilleurs amis le préféraient triste bien qu'ils l'aimassent tendrement. Quant aux femmes, très peu supportaient, après avoir cédé à un hidalgo, de se réveiller avec un joyeux drille ; cela obligeait souvent Coriolan à garder, pendant des soirées qu'il eût préférées amusantes, une mélancolie qui, s'il y avait manqué, lui aurait fait manquer aussi les faveurs de sa compagne. Quand il était sérieux, il impressionnait et plaisait, autant que peut plaire et séduire un hidalgo ; quand il riait, il gênait et déplaisait autant que peut déplaire et gêner un simulateur qui a voulu se faire une tête d'hidalgo. L'injustice de son sort en aurait accablé plus d'un. Mais pas lui, car il avait la fierté, le courage et l'orgueil que promettait son visage même si son quasi-dénuement incitait les gens à qualifier ces vertus d'inconscience, d'entêtement et d'arrogance. En tout cas c'était mon ami, mon meilleur ami et à présent, depuis mon mariage, mon seul ami — Laurence n'ayant pas en amitié les mêmes goûts que les miens.

— Où va-t-on? demanda-t-il en installant ses longs membres sur le siège avant, l'air réjoui comme chaque fois qu'il me voyait, et j'eus un élan de reconnaissance vers lui. C'était l'homme le plus fidèle, le plus attentif que l'on puisse rêver; je lui jetai un coup d'œil: ses vêtements indiquaient un état financier désastreux, mais il n'accepterait pas un sou venant de Laurence; et moi, depuis sept ans, je n'avais que ça.

— Il faut absolument que j'arrache de l'argent à «Pas un sou», dis-je avec d'autant plus de conviction. On joue *Averses* partout mais il prétend que la SACEM ne l'a pas payé.

— Quel foutu voleur! dit placidement Coriolan. On n'entend que ça! Chaque fois que tu touches... disons: dix francs, ce type empoche un franc cinquante; uniquement parce qu'on lui envoie la facture et qu'il fait le calcul, tu te rends compte? Et il ne veut pas te payer, c'est le comble! Comment est-il?

— Oh, répondis-je, oh, il est niçois, ou de Toulon, je ne sais pas. Il a une bonne tête, mais il veut se faire passer pour un New-Yorkais bon teint. Tu verras.

— Je me charge de lui, déclara Coriolan en se frottant les mains.

Puis il se mit à chanter à tue-tête un quatuor de Schubert qui ne le lâchait pas, comme il disait, depuis un mois. Car ce garagiste-bookmaker était un des experts musicaux les plus écoutés par les grandes revues européennes, constamment sollicité par les plus grands musiciens du monde tant sa mémoire, sa culture musicale et ses intuitions sur toutes les musiques étaient stupéfiantes ; mais il se refusait à en faire un métier, par je ne sais quel romantisme ou quelle nostalgie.

Coriolan avait interrompu son quatuor et se tournait vers moi :

— Et ta femme ? Elle commence à s'habituer à l'idée de ton succès ?

Il avait été mis au courant de nos démêlés par je ne sais qui. Je lui répondis, un peu agacé et un peu sèchement :

— Oui et non... Tu sais bien qu'elle préférerait que je sois un grand pianiste...

Coriolan éclata de rire :

— Allons, allons, allons ! Elle ne peut pas y croire une seconde, voyons. Même pas elle ! Il y a bien trois ans que tu ne travailles plus... Qu'est-ce que tu fais dans ton fameux studio ? Tu lis des romans policiers, non ? Tu ne pourrais pas jouer du Czerny à l'heure actuelle ; elle n'est quand même pas si sotte ! Un virtuose, toi, maintenant ? Il faut s'exercer, mon vieux, pour ça, tu le sais bien !

— Alors d'après toi, que veut-elle de moi ? Et qu'est-ce qu'elle voulait de moi au départ ?

— Ce qu'elle voulait de toi ? Ce qu'elle veut de toi ? Mais rien, mon vieux, rien. Enfin, si : tout ! Elle veut que tu sois là et que tu ne fasses rien. Tu n'as pas encore compris ? Elle te veut « *toi* », point final ! C'est la seule chose que ce vampire ait de romanesque.

Là-dessus le téléphone sonna et Coriolan, subjugué, se tut : c'était l'objet qui le fascinait le plus dans cette voiture. Je décrochai et naturellement n'enten-

19

dis rien : il n'y avait personne. Seule Laurence connaissait mon numéro et elle ne m'aurait jamais dérangé sans motif. Encore une erreur du standard. Mais nous arrivions devant l'immeuble de mon producteur.

Les locaux de Palassous étaient une caricature du genre bureaux des Champs-Elysées. Après un escalier plutôt minable, on arrivait au deuxième étage devant une porte un peu sale où était toutefois placardé « Delta Blues » en lettres d'argent sur fond de marbre noir.

— Pourquoi « Delta Blues » ? ricana Coriolan. Pourquoi pas « Cafard niçois » ? suggéra-t-il même, en me suivant sur la moquette trop épaisse du hall. Une secrétaire-starlette nous apprit que le producteur conférait au téléphone avec un autre nabab ; ce qu'il faisait effectivement, l'air passionné. Mais il se crut obligé en nous voyant de prendre un ton pressé et un visage excédé, sans pour cela d'ailleurs interrompre sa conversation ; pas plus qu'il ne se crut obligé ensuite de s'excuser quand il posa son téléphone. Personnellement, j'étais habitué à la grossièreté des hommes d'affaires : les amis de Laurence avaient tous des occupations ou des postes qui leur permettaient de dédaigner — même s'ils me l'enviaient secrètement — mon oisiveté forcée et de me marquer ce dédain. Seulement, venant d'un Palassous que je nourrissais somptueusement — me disait-on — depuis quelque temps, je trouvais cette attitude un peu exagérée.

— Et comment va votre charmante épouse ? s'enquérait-il l'air mondain — enfin, aussi mondain qu'il lui était possible de le paraître.

— Elle va bien, elle va bien. Vous connaissez Coriolan ?

20

— Ah, bonjour monsieur ! Vous êtes venu avec un ami espagnol, mon cher Vincent, c'est ça ? Vous ne vous déplacez jamais seul ?

Et en plus, il plaisantait. Je m'énervai :

— Coriolan est mon impresario ! Il est venu, à ma demande, pour s'expliquer avec vous sur vos retards de paiement.

— Allons, voyons, allons ! dit Coriolan avec un bon rire, mais mon regard l'arrêta.

« Pas un sou » semblait consterné.

— Impresario ? Mais enfin, vous savez que c'est un métier... mon cher ami, je m'excuse, je ne connais pas votre nom... et c'est un milieu où nous nous connaissons tous entre nous... il faut de l'expérience, de toute manière, de la ténacité, de la jugeote en plus et...

— Ai-je l'air de manquer de jugeote ? demanda Coriolan de sa voix d'inquisiteur châtré et je me détournai, tout à fait tranquille sur la suite de mes perspectives financières.

En revanche, sur un autre point, je m'arrachais les cheveux mentalement : qu'avais-je fait ? Bien évidemment, prendre Coriolan comme impresario était une idée géniale pour assurer sa subsistance, mais qu'allait en penser Laurence ? Je venais de choisir pour agent un homme dont elle me dénonçait depuis sept ans la totale irresponsabilité ; à ses yeux, ce serait un affront délibéré, la preuve qu'une fois de plus je dédaignais complètement ses jugements. Elle ne croirait jamais que j'avais fait cela dans l'élan, par distraction, par énervement contre « Pas un sou » comme par gentillesse envers Coriolan. Elle ne croirait jamais à une étourderie de ma part. (Au demeurant, les gens sont tous comme ça : l'oubli, l'oubli pur et simple de leurs maudits conseils ne leur paraît jamais une raison suffisante pour qu'on ne les suive pas.) Derrière la vitre, entre les marronniers frémissants des Champs-Elysées et moi-même, s'interposa soudain le visage indigné, douloureux, de la pauvre Laurence. Je détournai les yeux vers « Pas un sou » qui, enfoui dans son fauteuil, les yeux agrandis, écoutait le récit de Coriolan.

— ... Il y a eu un client comme vous au P.M.U. de Neuilly : il ne voulait pas payer ses dettes, tout simplement. Sympathique à part ça, un bureau superbe avenue de l'Opéra, un compte en banque respectable, tout. Il devait quand même cinq cent mille francs nouveaux. J'ai été obligé de me déranger, d'aller le voir avenue de l'Opéra, comme aujourd'hui je viens aux Champs-Elysées. Or je n'aime que le XIVe. Il va donc falloir que vous donniez illico à Vincent ce que vous lui devez. Autrement... (et il se pencha et baissa la voix). Je tendis l'oreille en vain.

— Mais voyons..., balbutiait « Pas un sou », mais voyons, cher Coriolan, vous n'ignorez pas les délais de la SACEM ? dit-il à voix haute.

Coriolan se pencha de nouveau, balaya la SACEM d'un geste de la main et reprit à voix basse son discours initial. Petit à petit, les interruptions de « Pas un sou » baissaient de ton et c'est en chuchotant qu'il ouvrit son bureau et en sortit des paperasses. Coriolan me lança un regard triomphant et je lui renvoyai un sourire enthousiaste. Quoi qu'il arrivât, c'était dans ce genre de moments que l'on redevenait le plus sensible aux vertus de ses amis.

Bref, j'étais enchanté, Coriolan était enchanté et curieusement « Pas un sou » semblait soulagé. Nous allâmes déjeuner tous les trois en compagnie d'un groupe rock et d'une célèbre chanteuse, clients eux aussi de «Delta Blues». Je fis téléphoner à Laurence que je ne rentrerais pas déjeuner, mes scrupules ayant été vaincus par les encouragements et les arguments des deux sbires. Ils ne me menaçaient pas de ridicule car il y avait longtemps que le ridicule ne m'importait plus, mais m'accusaient de mesquinerie: c'était à moi de payer le déjeuner, disaient-ils avec conviction. De toute manière, j'allais déjà vers de telles querelles conjugales avec cette invention de Coriolan-impresario que je n'en étais plus à deux heures près. Je chargeai simplement la dame des vestiaires de me décommander elle-même: car je savais que Laurence, si je lui annonçais ma défection pour le déjeuner, m'excuserait avec une de ses remarques indulgentes plus envenimée qu'une injure; et j'étais de bonne humeur, de trop bonne humeur, rien qu'à regarder les yeux gais, brillants et soulagés de Coriolan, pour supporter une ombre à mon bonheur. Moi aussi je pouvais être égoïste de temps en temps...

CHAPITRE II

Deux heures plus tard je laissai Coriolan, effrayé mais arrogant, dans ses nouvelles fonctions, en tête à tête avec le comptable des «Delta Blues Productions», qu'il s'obstinait à appeler «Cafard niçois». Après tout, son propre irrespect de l'argent ferait peut-être de lui un agent merveilleux pour autrui. Et puis, je ne comptais pas annoncer sa promotion à Laurence dès mon retour ; je préférais attendre qu'un chèque mirobolant tombe dans notre escarcelle.

Il était près de quatre heures lorsque je poussai silencieusement la porte de notre appartement. Un flot mélodieux, un merveilleux envol m'assaillirent : c'était le concerto de Schumann qui venait de la chambre de Laurence comme pour m'agresser. Je songeai un instant à gagner le studio qui m'était échu pour mes pianotages, au fond de l'appartement, mais il me fallait pour cela ou traverser la chambre conjugale, notre chambre, ou alors passer devant Odile, ma secrétaire.

Odile était une amie de classe de ma femme, une de

ses nombreuses admiratrices à qui Laurence avait confié mes courriers et mes coups de téléphone, plus fréquents depuis ma notoriété subite. Bon enfant, athlétique et le visage plat, Odile était une de ces femmes qui s'enferrent dans leur âge ingrat et jouent ensuite, toute leur vie, avec un mélange d'espoir et de maladresse, les rôles de la jeune fille, puis de la jeune femme, puis de la femme épanouie, etc., etc., sans jamais arriver à convaincre ni elle-même ni personne de la véracité de leurs rôles. Odile arrivait tôt, partait tard, répondait à ma place à un courrier plutôt maigre composé généralement de demandes d'argent.

C'était là le courrier classique d'un compositeur de «tubes», disait Laurence. Bien entendu, une réussite de virtuose m'aurait procuré un courrier plus raffiné et, à elle, une existence plus honorifique. Quand on s'est imaginée dînant à Bayreuth ou à Salzbourg avec Solti et la Caballé après le récital de son mari et qu'on se retrouve à Monte-Carlo pour le festival de l'Euro-vision, on peut être déçue. Quand on a imaginé ce même mari en habit, à l'avant de la scène, devant une salle enthousiaste et qu'on le retrouve encourageant, dans les coulisses, quelque voix fluette ou châtrée qui fera vendre ses disques par milliers, on peut l'être encore plus. Cela dit, depuis sept ans, ces images d'Epinal à propos de ma carrière auraient dû se délaver quelque peu. Et qui, après tout, qui lui disait que moi-même je n'étais pas sensible aux charmes de ce romantisme ? Qu'elle eût voulu être Marie d'Agoult n'excluait pas que j'eusse aimé être Franz Liszt. Je savais quand même ce qui différenciait Beethoven de Vincent Scotto; ça n'était pas en m'envoyant des flots de Schumann aux oreilles du matin au soir, comme des reproches incessants, qu'elle ferait preuve de charité ni d'intelligence. Je lui expliquerais tout cela un jour, un beau jour — un autre jour — car ce déjeuner inopiné avec « Pas un sou » devait d'ores et déjà l'ulcérer. Et, je le répète, je détestais faire de la peine à Laurence.

Aussi passai-je discrètement par le couloir de la cuisine et donc par le secrétariat d'Odile pour rejoindre mon studio. Mon refuge. Mon abri. « Mais quel refuge ? » s'était exclamé Coriolan en le voyant. « Quel refuge puisque tu dois affronter tes deux sentinelles pour t'y cacher ? » Il exagérait, comme d'habitude. J'étais sûr qu'Odile m'aimait bien et était prête à fermer les yeux sur mes sottises, si j'en faisais ; j'ignorais si elle me jugeait même un bon à rien : cette réputation de « bon à rien », très répandue au début de mon mariage parmi les amies de Laurence (en général richement mariées, elles) j'avais eu à cœur de leur en prouver rapidement l'injustice en même temps que je leur fournissais quelques-unes des raisons qu'avait eues Laurence de m'épouser. Tout cela, bien sûr, s'était fait dans la plus grande discrétion, quoiqu'il y ait peu d'hommes dans son milieu — comme dans tous les milieux, malheureusement — peu d'hommes qui prennent le soin élémentaire de cacher leurs écarts, Laurence n'avait jamais eu que des craintes par rapport à ma fidélité, mais pas la moindre preuve de leur bien-fondé. Je détestais ces couples qui mettent un point d'honneur à s'instruire de leurs tromperies sous prétexte d'une sincérité bien entachée à mes yeux de sadisme ou de vanité.

— Vincent ? Tiens ! s'écria Odile d'un ton surpris, comme si des douzaines d'hommes défilaient dans son bureau sur la pointe des pieds au milieu de l'après-midi. Vincent ! Vous avez vu Laurence ?

— Non, dis-je. Pourquoi croyez-vous que je sois passé par ici ?

— Mais... Mais... — La malheureuse restait interdite car les récits de Laurence, comme toutes ses attitudes, lui dépeignaient en nous un couple parfait. — Mais elle vous attend... Elle vous attend ! — Et ses yeux, ses mains, sa voix, tout son corps tentaient de m'orienter vers la chambre de Laurence, vers Schumann — vers le bonheur conjugal et la grande musique, pour être plus précis.

— Je ne veux pas la déranger, répliquai-je, et j'entrai dans mon studio un peu vite.

J'avais désobéi à l'ordre moral de cette demeure, j'en serais puni mais je n'allais quand même pas rester là debout avec cet air de coupable que je me voyais dans la glace. Je retirai mon imperméable et le jetai sur mon lit avant de ressortir d'un pas ferme.

— Ah, vous, alors... ! dit Odile, et si elle n'ajouta pas «quel plaisantin ! », ce fut uniquement par manque de conviction.

Je lui fis un clin d'œil et elle rougit. Pauvre Odile ! Ç'aurait été une bonne action de lui faire l'amour, mais j'étais trop égoïste pour ça. Je souris quand même en pensant que Laurence m'avait vraiment choisi comme secrétaire la plus vilaine de toutes ses meilleures amies.

Je rentrai dans la chambre — dans notre chambre — en sifflotant, du Schumann, bien entendu. Laurence, en déshabillé devant la cheminée et son grand feu, m'attendait. Et je me rappelai un soir d'automne, cinq ans plus tôt, où, étant allé passer une audition Salle Pleyel, j'en étais revenu humilié et battu, avec, pour la première fois de ma vie, l'impression d'être un raté. Pour la première fois je ne me voyais plus comme un jeune homme qui pouvait ou qui pourrait, mais comme un homme qui n'avait pas pu. Et cette idée ce soir-là me terrifiait, me courbait les épaules, me mettait les larmes aux yeux. Dans mon accablement, j'aurais voulu éviter Laurence, mais elle m'avait hélé dès mon entrée dans l'appartement; et j'étais entré dans cette pièce sombre, comme maintenant, avec le reflet du feu sur les murs, comme maintenant.

— Viens, Vincent! avait-elle répété, et je m'étais assis près d'elle dans le noir, avili et courbatu, détournant la tête de peur qu'elle ne m'interrogeât sur cette séance à Pleyel.

Mais elle n'avait pas eu la moindre question; elle m'avait enlevé ma veste, ma cravate, elle avait séché mes cheveux avec son foulard, tout cela en m'embrassant très doucement, sans dire un seul mot, sinon «Mon chéri! Mon pauvre chéri!», de la même voix basse et tendre, maternelle, la voix même qu'il me fallait. Ah oui, elle m'avait aimé!

Oui, elle m'aimait, Laurence! Et c'était pour des souvenirs comme celui-là que je lui passais ses petites exigences d'enfant gâtée.

Cet après-midi-là non plus, elle ne fit pas tout de suite allusion à mon déjeuner. Elle semblait très gaie au contraire, elle avait les yeux brillants. Aussi, quand elle me parla de surprise, mon cœur fit un bond: attendait-elle un enfant? Elle n'en désirait pourtant pas, je le savais. Avait-elle été imprudente? Mais il ne s'agissait pas d'enfant, seulement de parent.

— Devine qui m'a téléphoné tout à l'heure? Mon père!

— Que lui arrive-t-il?

— Il a eu une crise cardiaque et il trouve notre dispute grotesque. Il ne veut pas prendre le risque de mourir sans m'avoir revue. Il se rend compte du ridicule de sa... enfin, de notre brouille.

— Bref, il m'accepte !

J'étais sur le point de rire. Quelle journée ! Un impresario à midi, un beau-père à cinq heures ! La vie me tombait dans les bras, avec toutes ses fleurs.

— Qu'en penses-tu ?

Je la regardai. Autant que je puisse lire sur ses traits, elle était émue.

— Eh bien je pense que tu en es heureuse. Et c'est normal, c'est ton père.

Elle me jeta un regard curieux :

— Et si j'étais horrifiée ?

— Ce serait normal aussi, ton père n'a pas changé.

Mes réponses me paraissaient assez subtiles mais Laurence ne les appréciait pas, ce qui me conduisit à les commenter :

— Il est normal que tu te réjouisses du retour de ton géniteur ; mais comme ton géniteur a le caractère de ton père, il est normal que...

— Oh, arrête, dit-elle, je t'en prie ! Tes plaisanteries perpétuelles ! A propos, tu t'es bien amusé, à midi, avec tes artistes, tes musiciens : les musiciens de monsieur Ferdinand Palassous ? Tes nouveaux amis te plaisent-ils toujours autant ?

Sa voix débordait de mépris mais pour une fois je m'insurgeai. Depuis l'irruption de cette musique, de ce succès dans mon existence, je me sentais plus sûr de moi ; j'avais le sentiment assez plaisant de n'être pas tout à fait un incapable ; ou plutôt, la certitude de mon incapacité jusqu'ici à gagner ma vie avait vacillé avec le succès d'*Averses*. Bien sûr, ce succès, je l'ai déjà dit, pouvait n'être qu'un accident ; mais après tout rien ne le prouvait. Certains musiciens croyaient plutôt le contraire, me voyaient même comme un compositeur d'avenir. Aussi répondis-je d'un air fort digne :

— Mais ma chérie, ce sont mes confrères ! Je ne me suis donc pas ennuyé du tout.

Elle me regarda et éclata en sanglots. Je la pris dans mes bras, stupéfait. D'abord, parce que je n'avais pas souvent vu Laurence en larmes, ensuite parce que ce n'était jamais moi qui les avais alors provoquées — ce dont je n'étais pas peu fier. Aussi la serrai-je douce-ment contre moi, en m'excusant et en murmurant « Ma chérie ! Ma grande chérie ! Je t'en prie, ne pleure pas ! Tu m'as manqué pendant tout le repas », etc. etc. Puis, comme elle continuait à sangloter, je la serrai de plus en plus fort jusqu'à ce que la douleur physique finisse par la calmer. Elle se débattit et se dégagea enfin, haletante :

— Tu ne comprends pas, dit-elle, les mains sur les seins, c'est un milieu tellement horrible ! Tu m'as même fait téléphoner par la dame du vestiaire, comme le font tous ces types, par lâcheté, pour ne pas avoir l'air d'être attendus chez eux, vis-à-vis des copains. Cette fausse liberté, cette demi-grossièreté ! Ah, non ! Toute la médiocrité de ces gens ! Comment peux-tu ?

Et elle pleurait à petits coups, elle suffoquait et je reconnaissais qu'elle n'avait pas tort ; et puis la tiédeur de ses larmes, leur trajet contre mes propres joues, la petite fièvre de sa peau, ses cheveux collés à son front, le tremblement de son corps, tout cela me fendait le cœur. Je débordais de compassion, d'une humaine et tendre compassion. Aussi fus-je tout surpris quand elle glissa sa main sous ma chemise, prit ma propre main et m'entraîna vers le lit : surpris et déconcerté. Après tout, elle débordait de reproches dix minutes

31

plus tôt, de larmes trois minutes avant, et peut-être bien de mépris dans l'après-midi. Comment pouvait-elle me désirer à présent si vite ? Malheureusement pour moi, ma nature était d'une simplicité ridicule ; mon cœur et mon corps avaient toujours navigué de concert et, chez moi, le désir succédait à l'intimité, à l'entente, aussi naturellement que la fuite succédait au désaccord. Personne n'était plus loin que moi du viol et je n'avais jamais connu ces divorces entre les sentiments et les sensations qui pimentent tellement de récits et provoquent tant de littérature. Bref, pour être clair, les scènes ou les bouderies de Laurence m'avaient toujours émasculé. Je me savais bien primaire ou bien arriéré dans ce domaine et je m'en voulais comme d'une balourdise, mais je n'y pouvais rien.

Toujours est-il que cet après-midi-là, Laurence se donna à moi comme elle ne l'avait pas fait depuis longtemps, très longtemps ; au point que certains de ses cris, certains de ses gestes, me semblèrent non seulement un peu forcés mais adressés à un autre que moi, à un Vincent plus lyrique et plus ardent que je me reprochais de ne pas être, que je craignis même un instant de trahir et que seule la vanité me permit d'incarner honorablement.

Je prenais le thé un peu plus tard dans le salon, sous l'œil ironique de Laurence. Je m'étais rhabillé de pied en cap, en effet, alors qu'elle-même, dans un déshabillé crémeux, les yeux battus, ne laissait rien ignorer de nos activités précédentes. Elle m'accusait, d'une voix amusée, d'être prude, et je l'accusais, moi, d'une voix inaudible, d'être ordinaire. Ce devoir que se font de plus en plus de couples de nos jours à informer autrui de leurs étreintes, celles-ci à peine terminées ; la vanité joviale que semble leur inspirer une activité à laquelle se livre pourtant avec tout autant d'entrain et de vigueur n'importe quel mammifère, tout cela me paraissait grotesque et déplacé... Encore l'amour repu n'était-il rien auprès de l'amour imminent !... Ceux qui, tant par leur agitation que par la multiplicité de leurs attouchements réciproques veulent nous faire partager ou deviner la joie très proche de leur partenaire et la leur, ceux-là, je l'avais cent fois constaté et entendu, s'en tiennent souvent à ces joyeuses promesses. Fort logiquement, trouvais-je, car l'impuissance seule explique ces délais délibérés et douloureux infligés à leur ardeur.

Pour en terminer avec ces considérations générales, le spectacle de Laurence épanouie et langoureuse se faisant servir le thé par la droite et frustrée Odile me déplaisait.

— Mais, dit-elle, ce n'est qu'Odile ! Il n'y a qu'Odile ! Tu ne...

Sur quoi, celle-ci arriva et s'assit en minaudant.

— Tiens, dis-je, à propos, une jeune fille aux cheveux verts m'a demandé aujourd'hui, aux Delta Blues Productions, si j'avais reçu sa lettre. Elle me réclamait un autographe le mois dernier sur une photo, la pauvre malheureuse ! Ça ne vous dit rien, Odile ?

A ma grande surprise, celle-ci rougit énormément et c'est Laurence qui répondit avec vivacité :

— Tu sais bien qu'Odile trie ton courrier ! Elle est obligée pour cela de tout lire, avant de nous répercuter les lettres les plus... disons, les moins médiocres. J'avoue que je n'ai pas eu le temps d'en prendre connaissance, ces temps-ci. Ce retard est de ma faute.

Je restai ébahi d'abord, puis sourcilleux. Bien sûr je n'imaginais pas que des inconnus puissent m'écrire, mais ils l'avaient fait. J'avais donc reçu des lettres, Odile et ma femme les avaient capturées et lues par curiosité pour négliger en fin de compte de me les remettre. D'où cet air coupable que je leur voyais et que je savourais à mon tour. Non pas que leur procédé me parût si choquant; bien entendu, si j'avais attendu des lettres d'amour, je l'aurais trouvé infâme et j'aurais hurlé, mais ce n'était pas le cas et je ne les accusais que de sans-gêne. L'immoralité d'une action ne m'apparaît jamais qu'à travers ses conséquences; et je ne pensais pas à brandir à bout de bras et à longueur d'année certains principes, abstraits et racornis, sur lesquels s'appuyaient Laurence et ses amis pour me faire leurs reproches. J'avais pourtant là une fameuse occasion de m'insurger, d'invoquer le secret et de soupirer après la discrétion d'antan. Mais j'étais, je l'ai déjà dit, incapable de mélancolie et d'amertume et même, plus grave, de me contraindre à les afficher. En fait, m'ériger en juge de Laurence me paraissait aussi futile que l'inverse.

Car, coupable, je l'étais apparemment. Aux yeux de mon beau-père, par exemple, j'avais toujours été un bon à rien; mais je l'étais à mes yeux à moi aussi. Et en cela, il aurait dû penser que cette résignation, chez moi, à l'anonymat, cette renonciation justement à être quelqu'un et à gagner ma vie, je les devais avant tout à ma nature artistique. Lancé dans le marketing ou dans le commerce, j'aurais pu nous leurrer sur moi-même beaucoup plus longtemps que dans la musique; la médiocrité est moins évidente, bien sûr, dans une épicerie que dans une salle de concert: c'était par honnêteté que je ne m'étais pas acharné pendant des années à taper sur un piano ou à donner des leçons de solfège qui n'eussent rien arrangé. Aussi cruelle qu'elle eût été, cette prise de conscience m'avait fait gagner du temps; sans pour cela me laisser la moindre amertume: j'avais gardé un grand goût de la vie. Et je me demandais parfois si je devais ma fermeté aux ressources de mon esprit (qui avait su rendre cet échec moralement supportable) ou aux ressources de Laurence (qui avait su le rendre matériellement supportable). Sans doute aux deux d'ailleurs.

Odile étant partie chercher quelques petits fours, Laurence, que visiblement mon courrier n'amusait pas en tant que sujet de conversation, décida d'en changer.

— Ce costume te va divinement bien! dit-elle en promenant son regard sur mon corps, de mes racines de cheveux à mes pointes de pied. On a eu raison de prendre ce gris-bleu plutôt que ce gris-vert, tu ne trouves pas? Avec tes yeux, c'est plus joli!

Je hochai la tête avec gravité. J'aimais beaucoup quand elle utilisait le « on » à propos de mes essayages. « On » avait choisi ce tissu, « on » avait décidé de la coupe, « on » avait pris les chemises idoines, « on » avait (dans le temps) acheté des boutons de manchettes qui allaient avec toutes les chemises, « on » avait déjà des mocassins italiens qui marchaient avec tout, « on » allait se fendre d'une cravate à fond bleu pour soutenir cette rayure. Et ma foi, si après tout ça « on » n'était pas content, ce serait à désespérer!... tous les « on » représentant Laurence, sauf le dernier qui était moi-même. J'étais arrivé, cela dit, depuis sept ans à reprendre la direction de quelques-unes de mes activités masculines: je choisissais par exemple mes cigarettes, mes coiffeurs, mes clubs sportifs, etc,

etc. et différents gadgets masculins; mais sur les vêtements, inutile d'essayer. Il semblait que Laurence, en même temps qu'un jeune et ardent mari, avait acquis un grand poupon à habiller. Sur ce plan-là, sur ce droit-là, elle ne céderait jamais, je m'étais assez débattu pour le savoir. Alors bon an, mal an, tous les automnes et parfois au printemps, nous nous rendions chez «son» tailleur, où elle me remettait à la dernière mode, m'affublait du dernier cri sous les yeux, jadis sarcastiques mais aujourd'hui blasés, du même tailleur et de la même retoucheuse... les seuls parmi ses fournisseurs, généralement rogues, dont la disparition m'eût véritablement atterré.

— Pourquoi t'es-tu rhabillé des pieds à la tête? demanda-t-elle. A cause d'Odile? Tu crois que ça lui donnerait des soupçons?

— Non, dis-je, non, disons... peut-être de la nostalgie...

Laurence éclata de rire :

— De la nostalgie! Je te trouve bien prétentieux!

— Ce n'est pas moi qu'elle envierait, répliquai-je bêtement. Je veux dire par là... enfin... c'est nous... c'est notre image que...

Mais le mal était fait et quand Odile revint le sujet de ces lettres disparues était depuis longtemps éclipsé. Je passai dix bonnes minutes à me lamenter sur les traîtrises de la langue française. Odile partie, nous restâmes seuls, Laurence et moi, comme si souvent le soir pendant ces dernières années. Je n'avais plus que Coriolan pour ami; quant à ceux de Laurence, ils étaient devenus si ennuyeux qu'elle s'en rendait compte et s'en lassait elle même, ce qui ne laissait pas de m'inquiéter car je la savais peu faite pour la solitude, surtout en ce moment. Ce moment où je regardais par la fenêtre le boulevard Raspail, brillant sous la pluie, et où ce mot de nostalgie, évoqué au sujet d'Odile, me semblait maintenant battre à toutes les portes cochères, à toutes les enseignes au néon de Montparnasse avec une vigueur et un éclat renouvelés.

Pendant ce temps, Laurence avait arrangé notre nid d'amour audiovisuel : elle avait pris l'habitude de confectionner sur le tapis, en face de notre poste de télévision, ce qu'elle appelait notre «forteresse», c'est-à-dire un quadrilatère cerné par les coussins du divan. Là, moi à son flanc, elle réglait telle une fée à l'aide de sa manette magique le cours de nos rêveries ; courant d'une chaîne à l'autre, d'un conte de fées à une émission-vérité, elle dirigeait son petit monde ; et la télévision étant ce qu'elle est, je m'endormais rapidement, sitôt terminé le plateau repas du dernier traiteur convoqué (elle en changeait toutes les semaines, et toujours tragiquement).

Ce soir-là je ne tenais plus en place ; les phrases que j'entendais sortir de notre poste me paraissaient encore plus insupportables que d'habitude et mes bras et mes jambes jaillissaient malgré moi de leur château de velours. D'autant que Laurence se lovait de plus en plus contre moi ; elle était de ces femmes qui vous font des avances pour vous rappeler qu'on doit leur faire l'amour, avant, et qui vous font aussi des avances pour vous rappeler qu'on le leur a fait, après ; ce qui laisse peu de temps pour réfléchir à un homme et, surtout, l'empêche de savoir à quel stade il en est. A tout hasard, je pris Laurence dans mes bras et l'embrassai :

— Ah non ! me dit-elle. Quel obsédé tu fais ! Est-ce que tu as réfléchi à mon père ? Que décides-tu ?

— Ce que tu as décidé toi-même. — Et elle me posa sur la joue un baiser reconnaissant.

— Tu n'es pas rancunier, n'est-ce pas ?

— Non. J'ai toujours trouvé la rancune terriblement mesquine. La colère, oui ! Mais après, tant pis ! C'est mieux, n'est-ce pas ?

J'espérais bien qu'elle retiendrait cette leçon comme un principe absolu, voire qu'elle la suivrait.

— Comme tu as raison ! dit-elle. Mon père voudrait nous voir après-demain à son bureau ; nous voir tous les deux mais te parler, seul, un moment ; il a, paraît-il, des excuses à te faire et devant moi... ça le gênerait.

— C'est bien dommage. — Je souriais mais j'étais assez content : il me serait plus facile de l'asticoter et de le ridiculiser à l'aide de sous-entendus tout seul que devant Laurence qui commençait à me connaître.

— Et puis tu sais, ajouta-t-elle, c'est un merveilleux homme d'affaires. Quoi que tu puisses retirer de ton... de tes... de ta chanson, ça te fera un peu d'argent de poche... — et là elle s'arrêta net car « argent de poche » était devenu entre nous une expression interdite, en tout cas délicate, depuis un dîner chez son notaire. L'épouse de celui-ci, après le récit des mille vilenies commises par son fils, avait conclu par : « et pourtant, je lui donne "tant" par mois d'argent de poche ! » — un « tant » qui correspondait précisément à ce que m'allouait Laurence tous les mois. J'avais aussitôt disparu sous la nappe pour récupérer soi-disant ma serviette — en fait mon sang-froid — mais dès mon retour à la surface, Laurence avait pu voir les traces du fou rire sur mes traits défaits. Le mois d'après, sans avoir dit un mot là-dessus, elle avait exactement doublé mes subsides, je ne sais pourquoi... Peut-être parce que le garçon avait seize ans et moi trente-deux... En tout cas, j'avais longtemps béni ce délicieux et impécunieux jeune homme.

Ce soir-là, un peu excédé par Laurence, comme écœuré par le spectacle que me proposait la télévision, étouffé par le velours des coussins, je subis pour la première fois depuis bien longtemps une attaque de claustrophobie. Il me suffisait généralement de penser à la soupente, voire à l'asile pour jeunes gens inadaptés, que j'aurais dû normalement habiter pour me calmer ; mais ce soir je n'y parvenais pas. Grisé par la fermeté de Coriolan et l'obséquiosité subite de « Pas un sou », je m'imaginai tout à coup rentrant dans un appartement par moi payé et où m'attendrait une femme dont je partagerais l'existence, au lieu qu'elle s'attribuât totalement la mienne en me jetant par moments, comme des os, des petits bouts de la sienne. D'un autre côté, l'idée de me séparer de Laurence, dès l'instant que j'en avais les moyens, me semblait bien la plus basse de la terre. En admettant même que j'en eusse vraiment l'envie et vraiment les possibilités, il me fallait bien penser au dégoût qui m'entourerait ensuite, dégoût de moi-même que j'éprouverais sans aucun doute autant que l'opinion publique, quoique peut-être moins longuement.

CHAPITRE III

Les rêves d'autrui étant justement réputés le comble de l'ennui, je me bornerai à dire que je rêvai délicieusement toute la nuit, de neige, de piano et de châtaignes, mais que je me réveillai plus suffoquant encore que d'habitude. La chambre sentait le parfum et l'amour et, malgré leur double fascination sur ma personne, je me sentis dès l'aube comme intoxiqué. Laurence heureusement était déjà partie et j'ouvris la fenêtre, respirai longuement l'air de Paris, cet air prétendu pollué d'essence et de poussière, qui m'avait toujours paru le plus frais et le plus sain de la planète. Puis je passai à la cuisine et me fis un Nescafé tiède, Laurence ne supportant pas dans la maison les services d'une étrangère avant trois heures de l'après-midi. J'en profitai pour me promener pieds nus sur le carrelage et la moquette, enfreignant ainsi les règlements du lieu et profitant tranquillement de l'appartement. Quoique grand, il ne l'était pas assez pour un homme oisif, je l'avais vite découvert ; je m'y cognais sans cesse à des femmes affairées et je finissais toujours par me réfugier dans mon studio — où, parfois, je me sentais bien seul; j'aurais préféré participer au train-train de la maison, y déambuler en robe de chambre et y proférer des sottises plutôt que de rester seul devant mon piano, ce poussif et caverneux reproche de chez Pleyel. Dieu merci il sommeillait à côté d'un divan où je finissais toujours par m'allonger, un livre à la main (j'avais sans doute plus lu en sept ans que pendant toute mon adolescence pourtant ivre de littérature).

Depuis la veille, j'avais rendez-vous pour déjeuner avec Xavier Bonnat, le metteur en scène d'*Averses*, et son producteur. Ce rendez-vous, il me l'avait donné dans son restaurant favori du temps de ses échecs, un endroit qu'il nommait son « home », et qui était le plus infâme qui soit. Malgré sa récente mais certaine célébrité, Xavier tenait toujours à y prendre ses repas; ce qui montrait, disait Laurence, que le succès ne lui avait pas tourné la tête. Ce qui me montrait, à moi, qu'il l'avait définitivement perdue car nul carnivore ne pouvait se nourrir dans cette gargote sinon par le concours de la famine et du crédit ajoutés.

Le « home » était une salle grande, voûtée, éclairée du matin au soir par des bougies fumantes et où résonnait sans cesse une musique moyenâgeuse truffée de pipeaux débilitants pour tout le système nerveux. Xavier Bonnat et J.P.S., son producteur, m'attendaient à une petite table et je constatai que le succès n'avait pas non plus tourné la tête de Xavier quant à son vestiaire : il arborait toujours le même duffle-coat beigeasse ouvert sur un chandail ras-le-cou d'un noir grisâtre. J.P.S., en revanche, portait un costume trois-pièces tout neuf qui lui donnait enfin l'air d'un véritable producteur. Xavier Bonnat ayant horreur de ces simulacres sociaux, je m'assis sans lui tendre la main, et sans le regarder. D'après Laurence qui l'avait connu à seize ans et dont il avait été longtemps amoureux, Xavier Bonnat était un homme « bourré de classe ». Bourré de tics aussi, long, grand, avec un visage fin, auquel les gens donnaient trente ans, ou cinquante, sans qu'il consentît à les départager ; finalement il en comptait quarante, signalaient les gazettes depuis qu'il était célèbre. J.P.S. avait le même âge mais un visage, un corps, un caractère et apparemment un esprit beaucoup plus arrondis. Et il me fit un grand sourire qui m'étonna.

En fait j'étais intrigué par cette invitation. J.P.S., intellectuellement fasciné depuis le lycée par Bonnat, avait depuis produit chacun de ses films, s'assurant ainsi une série d'échecs plutôt coûteux. Cette fois-ci, il n'avait pu mener la production jusqu'au bout et s'était fait relayer, en cours de route, par des producteurs professionnels qui lui en avaient pris les trois quarts. C'étaient ces nouveaux venus qui, entre autres modifications, avaient nettement refusé à Bonnat que la musique de son film soit à l'exclusion de toute autre tirée d'un morceau spécialement hermétique d'Alban Berg. C'était Laurence ensuite qui, lorsqu'il était venu s'en plaindre, lui avait suggéré mon nom et mon aide, sur laquelle il s'était jeté supposant que, sorti du Conservatoire, j'allais forcément lui livrer de la musique sérielle (dès les premières notes de ma partition, plus ou moins mélodique, il avait quitté froidement la salle de montage). Et la suite de cette histoire ne me semblait pas de nature à nous réconcilier : si son film avait fait un succès, et s'était attiré des critiques délirantes, il s'en était attiré d'autres, aussi, dont celles de ses deux bibles, c'est-à-dire

L'Observateur et *Les Cahiers du Cinéma*. Coriolan, qui détestait le cinéma de Bonnat, me les avait montrées, à mon retour de la Baltique : le premier disait que sans ses deux jeunes acteurs et surtout sans sa musique, les images de Xavier Bonnat auraient paru plus que décousues dans leur prétention. Quant au second, il se demandait pourquoi on avait choisi pour illustrer une si merveilleuse musique des images si lamentables. Mais enfin, apparemment, cela n'avait pas beaucoup ennuyé ni monté Bonnat contre moi et c'était tant mieux.

— Alors, me demanda-t-il, alors, ce succès, qu'est-ce que tu en penses ?

Il avait un ton plein de fatigue et de mépris.

— Eh bien, tu sais, répondis-je gaiement, Laurence a eu envie de voir les îles de la Baltique ; on est partis en plein succès et on est revenus quand il était calmé, tout à fait calmé. Enfin, ton film marche toujours à fond, je crois, dis-je avec précipitation. C'est drôlement bien pour vous, ajoutai-je à l'adresse de J.P.S.

— J.P. serait content bien entendu s'il n'avait pas vendu les trois quarts de la production à mi-chemin à des ploucs ! dit Xavier. Des ploucs qui, en plus, auraient pu foutre le film en l'air — si l'on avait suivi tous leurs diktats !

Comptant, moi aussi, parmi ces diktats, je baissai le nez et m'adressai à J.P.S.

— Enfin, pour Xavier c'est merveilleux, c'est formidable, ces critiques ! Non ?

— Ça, répliqua celui-ci de la même voix sardonique, ça, pour une fois que ces pisse-froid daignent ouvrir les yeux pendant la projection d'un de mes films, ils n'y ont pas été de main morte. Incroyable !

Tu veux que... attends... que je me rappelle! Ecoute un peu ça! Euh... voyons... «Entre Lubitsch et Sternberg...» «la fusion, enfin, entre la grâce et la gravité...» euh... «un sujet très mince auquel il fallait pour faire un film si grand un immense cinéaste»... non, ça n'est pas fini, écoute, écoute... «Bonnat a pris tous les risques et remporté toutes les victoires, on en est atterré de bonheur». J'en passe, et des meilleures!

— Attends! Attends! (Là, c'était J.P.S.) Attends, il y en a un que j'adore: «Ses confrères, sans rasoir, tu sais, les... nuages!»

— Ne mélange pas tout, coupa sévèrement Xavier: «C'est que contrairement à ses confrères, Bonnat ne nous amène ni vers la boue ni vers les nuages: sur le fil d'un rasoir.»

— C'est ça, c'est ça, «sur le fil d'un rasoir»! Je trouve ça formidable! C'est vrai, en plus, drôlement vrai!

— Tu te rends compte? reprit Bonnat. Et encore, je ne te cite pas tout...

Il avait toujours ce ricanement, mais dans ses yeux et dans sa voix passait une nuance plus proche du bonheur que de la dérision; j'imaginais mal qu'on puisse retenir par dégoût autant de phrases sur soi-même.

— Remarquez, dit J.P.S., la musique a vraiment contribué au succès du film, c'est indéniable!

— Tu veux dire que c'est in-dis-cu-ta-ble! appuya Xavier avec force.

— Oh, dis-je, n'exagérons pas! La musique... bien sûr... mais enfin, ce n'est pas...

Malheureusement, je ne me rappelais pas la moindre critique aussi précisément que Xavier. Je pris donc un air modeste qui après tout me semblait le plus seyant dans ces circonstances.

— Je suis bien content que ça soit tombé sur vous ! déclara J.P.S.

— Moi aussi, dit Xavier sur un ton qui me fit attendre par réflexe un «finalement» — mais il s'arrêta là: Je le répétais à Laurence, d'ailleurs, hier encore.

— Tu as vu Laurence, hier?

— J'ai pris le café avec elle. Elle m'a parlé de tes difficultés avec ton producteur à toi, là... ce crétin de «Pas un sou». Faut t'agiter, mon vieux !

— Deux millions, ça ne se laisse pas dans un bureau ! commenta J.P.S.

— Deux millions? Je le regardai: Je comptais à peu près... Deux millions? Nouveaux?

— Deux millions de dollars. Je ne parle d'argent qu'en dollars, précisa J.P.S. avec hauteur en tirant sur le gilet neuf qui faisait partie de son trois-pièces neuf.

— Vous voulez dire... D'après mes calculs, «Pas un sou» me devait à peu près six cents... enfin... soixante millions, anciens, à ce que j'ai compris...

— Il vous doit actuellement un million de dollars, soit six cents millions anciens; en attendant la même chose d'Amérique ! Je ne plaisante pas, dit J.P.S., je ne plaisante pas ! J'ai fait faire une étude de vos droits chez Vlamink, qui vaut autre chose comme impresario, à propos.

Je le contemplais, ahuri, non pas tant de ces chiffres (à partir de quelques zéros, l'arrivée d'un autre ne changeait plus grand-chose à mes yeux), mais de ces prévenances.

— Vous avez fait faire une étude de mes droits chez Vlamink? C'est très gentil...

J.P.S. était devenu ponceau. Xavier lui jeta un regard glacial mais tout à coup se mit à rire. Il avait un rire ouvert, amical, contagieux, dont il ne se servait pas assez.

— Bon, Vincent, dit-il, parlons sérieusement ! Je ne t'ai pas invité à déjeuner pour que nous nous jetions à la tête les louanges des critiques.

Je faillis préciser que c'étaient ses critiques à lui qui avaient été jetées à ma tête, et pas le contraire. C'était ma faute, après tout, je n'avais qu'à les apprendre aussi.

— Je ne t'ai pas invité non plus pour te mettre au courant de tes possibilités financières, encore que... Voilà ce qui se passe : tu as donc lu les critiques ? eh bien celui qu'ils appellent le Sternberg ou le Lubitsch de cette époque ne trouve pas de producteur pour son prochain film.

— Non ?

— Attention, attention ! Il ne trouve pas de producteur pour « Les Guêpes », rectifia J.P.S.

Mais Xavier l'interrompit :

— J'ai l'intention de tourner, depuis très longtemps, « Les Guêpes » d'Aristophane. Laurence prétend que tu lis beaucoup. mais j'imagine que tu n'as quand même pas lu « Les Guêpes » ?

— C'est une pierre dans mon jardin...

— C'est une pierre dans le jardin de beaucoup, concéda Xavier avec indulgence.

— A ce moment-là, il n'y aurait plus de jardin à Paris du tout ! rectifia encore le pauvre J.P.S. Personne ne les a lues, tes « Guêpes », tu comprends ?

— C'est une pièce admirable sur la justice et l'argent, déclara Xavier sans l'écouter. Mais je veux la tourner avec des inconnus, dans un seul décor, et en noir et blanc. Et pour cela, je ne trouve pas d'argent.

— Ça t'étonne? dis-je dans un accès de bon sens. Ça ne devrait pas t'étonner, repris-je précipitamment. Avec les producteurs! Imagine: des inconnus, un seul décor, le noir et blanc! Ce serait parlant?

Ils échangèrent un même regard, mi-méfiant, mi-dédaigneux.

— Encore heureux! gémit J.P.S. Déjà, «Les Guêpes»! Vous imaginez «Les Guêpes» en muet, en plus?

— Vous voulez dire sans les bzzzz, bzzzz? demandai-je avec infiniment d'esprit, mais j'eus droit au même regard.

Soudain très grave, Xavier se pencha sur la table:

— Il n'est pas question que je ne tourne pas ces «Guêpes»! C'est vital pour moi! Il s'agit peut-être d'orgueil, de ma propre estime, mais il faut que je tourne ces «Guêpes», surtout après mon succès!

— Je ne vois pas pourquoi, s'écria J.P.S., mais il se tut avant d'avoir pu achever sa pensée qui devait être «je ne vois pas pourquoi tu veux absolument faire un bide après un succès.»

Xavier l'arrêta:

— Moi, je le vois, tu comprends! Bien! J.P. n'a pas les moyens, tu t'en doutes. Le quart des recettes! J.P. n'a gardé que le quart des recettes, qu'en plus il partage avec moi. Or, un huitième d'*Averses* ne peut pas payer la production des «Guêpes». Aussi j'ai pensé à toi: unissons-nous! Réunissons mes idées, l'expérience de J.P., tes ressources, et faisons «Les Guêpes», librement, et sans ces gens-là! Les gains, nous les partagerons en trois, s'il y en a, comme nous partagerons en trois aussi, si ça arrive, les critiques et les fureurs et la haine. Et quand je dis « la haine », c'est la haine : car le sujet est fort et il est actuel.

Je les regardais étonné ; c'était la première fois de ma vie, n'en ayant jamais eu, que quelqu'un me demandait de l'argent. Cela me paraissait une drôle d'idée.

— C'est un projet audacieux, un projet fou, c'est vrai, convint Xavier, mais je crois que ça vaut le coup. Et je peux te dire que Laurence est de mon avis ! Je lui en ai parlé hier.

— C'est que, justement, j'aimerais beaucoup rendre un peu à Laurence de ce que je lui dois... Je voulais...

— Tu ne pourras jamais ! JA-MAIS ! martela Xavier avec une grande fermeté sous un sourire résigné ; car ce que tu dois à Laurence n'est pas décomptable ni remboursable, tu le sais fort bien.

— Et puis d'ailleurs, lança J.P.S. plus prosaïquement, d'ailleurs un million de dollars, ça pourrait peut-être suffire, pour le film. Il vous en resterait à peu près autant, hein, pour gâter votre Laurence. Ou qui vous voulez ! ajouta-t-il avec une jovialité indulgente.

Le regard de Xavier le foudroya à nouveau et il baissa les yeux.

— Je ne crois pas que Vincent ait le cœur à... et Xavier s'arrêta là, devant des vulgarités imaginaires et obscènes. — Non, parlons sérieusement, Vincent ! Tu sais bien que Laurence ne veut pas de cet argent d'*Averses* ? Elle n'en veut pas, elle me l'a dit elle-même.

— Je ne vois vraiment pas pourquoi... commençai-je — j'étais furieux, soudain ; il me coupa :

— Laurence est un être tellement délicat !

49

— Ça, pour la délicatesse, votre femme!...
renchérit J.P.S. levant les yeux au ciel, et il hocha la
tête plusieurs fois, comme s'il avait pu être un arbitre
ès-délicatesse.

Depuis mon arrivée j'étais resté tassé sur ma chaise,
attentif et un peu avachi; je me redressai tout à coup,
mis les mains dans mes poches et pris une voix virile:

— Voyons, dis-je, résumons-nous: premièrement,
si je comprends bien, je vais avoir deux ou trois
millions de dollars; deuxièmement, Laurence, qui est
trop délicate pour eux, n'en veut pas; troisièmement,
en revanche elle est d'accord pour que mes dollars
financent votre prochain film, d'après «Les Guêpes»
d'Aristophane, c'est bien ça?

Les deux gaillards se regardèrent avec une sorte de
doute, assez réjouissant à voir, mais qui se dissipait
peu à peu devant l'évidence; ce qui leur fit répondre
ensemble, pour une fois, comme des duettistes:

— C'est à peu près ça, oui! — d'une voix éteinte.

— Seulement moi, je ne suis pas d'accord! repris-
je. Je ne suis pas trop délicat pour cet argent. Je vais
donc le dépenser rapidement, et sans le secours de vos
«Guêpes». Vous savez ce qui m'effraie dans votre
projet? C'est que vous n'investissiez ni l'un ni l'autre
votre huitième d'*Averses* dans vos «Guêpes»! Pourquoi donc? Pas folles, les guêpes? Messieurs, salut!

Et je sortis; mais j'eus le temps d'entendre la voix
de J.P.S., une voix qui portait d'autant plus qu'il
chuchotait, une voix à la fois consternée mais victo-
rieuse, qui disait à Xavier Bonnat: «Tu vois, je te
l'avais bien dit! Ça n'existe pas... Ça ne peut pas
exister un débile comme ça, ça serait trop beau! Et
puis ça se saurait... Je te l'avais bien dit...» etc. etc.

Sur le trottoir je me mis à rire tout seul pendant

deux bonnes minutes. Les gens que je croisais me souriaient aussi. Contrairement à ce qu'on disait, j'avais toujours su les Parisiens prêts à profiter de la première distraction venue.

Moi, en tout cas, je me sentais extrêmement remonté. D'abord par les chiffres que m'avait donnés J.P.S. et qui étaient forcément vrais : on ne pouvait compter sur ce J.P.S. en rien, sauf dans le domaine des chiffres ; ceux-là, en plus, il s'y était sérieusement appliqué puisqu'il avait espéré me les prendre ; il avait dû calculer au plus ras, à un sou près. Deux ou trois millions de dollars ! J'étais absolument grisé. Il fallait fêter ça et, puisque Laurence était trop délicate, j'attendrais aisément un moment, le temps pour elle de trouver mon argent convenable — ce qui, comme je la connaissais, ne prendrait pas des années.

Je me précipitai chez un tailleur. Depuis sept ans maintenant que Laurence m'habillait, tantôt en musicien de l'époque romantique, tantôt en diplomate des années trente, j'avais sérieusement envie d'un costume en velours côtelé, un peu trop grand et un peu débridé — que je trouvai aussitôt ; et puis il m'allait bien : « la même couleur que vos cheveux et que vos yeux, monsieur ! » s'écria un vendeur qui n'était plus du tout équivoque. J'achetai une chemise américaine à col boutonné, une cravate en laine tricotée pour aller avec, et payai le tout avec un chèque, un chèque sur le compte que m'avait ouvert Laurence dans sa propre banque. C'était sur ce compte qu'elle déposait un chèque correspondant à mon argent de poche tous les premiers du mois ; elle trouvait cela plus gracieux que de me donner du liquide. C'était sur ce compte aussi que je réglais les additions de restaurants, d'hôtels ou de boîtes de nuit, de tous les endroits enfin où ce qu'elle appelait ma fierté, mais qui était en réalité la sienne, aurait pu être heurtée en public. (Je dois dire qu'elle me remboursait dès le lendemain ces frais imprévus.) Bien sûr on était à la fin du mois et mon compte était vide mais Coriolan, ivre d'orgueil, m'avait annoncé qu'il était arrivé à extorquer la veille à «Pas un sou» un chèque substantiel que nous irions ensemble remettre dans la dite banque. J'imaginais déjà l'expression du directeur, au demeurant un fort brave homme, qui m'avait serré la main comme si j'avais fait une affaire retentissante lorsque mon argent de poche avait doublé (à la suite des circonstances que l'on sait). Depuis sept ans qu'il me voyait donc dépenser invariablement une petite somme, dont les trois quarts pour quelques repas gastronomiques illico remboursés, l'arrivée de ces millions allait lui donner le vertige, peut-être même le décevoir; il ne devait pas avoir beaucoup de clients aussi modestes et aussi gourmets. Dans mon élan j'ajoutai, au moment de partir, un imperméable; et prenant sous le bras le sac qui contenait mon ex-livrée (dont je ne savais déjà plus si elle était un pied-de-poule anthracite et brun ou un fil à fil écossais), je partis à grands pas vers le boulevard Raspail; il me semblait que les femmes me regardaient, j'en redressai le menton, ôtai ma cravate et en accélérai le pas. Je me sentais assez bêtement le maître de la ville, si ce n'était de moi-même.

Le boulevard Raspail, quand on le prend au boulevard Saint-Germain et qu'on le remonte jusqu'au Lion de Belfort, est une longue et constante pente qui escalade finalement la colline du Montparnasse sur près d'un kilomètre, sans trop de mauvais passages pour un piéton. Néanmoins j'arrivai essoufflé devant notre immeuble. A partir de la rue de Rennes j'avais vu mon reflet se voûter dans les innombrables glaces des commerçants, tandis que mon costume devenait un peu trop jeune ou un peu trop vieux, saugrenu en tout cas. J'étais moins sûr de moi et moins fringant en entrant dans l'appartement ; mais je reconnus à une certaine qualité de silence que Laurence n'y était pas. Soulagé, je me dirigeai vers mon studio, presque prêt à me changer lâchement. Le cri que poussa Odile quand je rentrai dans son bureau me fit aussi peur qu'à elle-même ; debout derrière sa table, elle roulait vers moi des yeux exorbités :

— Qui est-ce ? Qui est-ce ? Mon Dieu, c'est vous, Vincent ! Je ne vous ai pas reconnu tout de suite.

— A cause de mon costume. Je me suis acheté ça boulevard Saint-Germain — et tendant les bras à l'horizontale je pivotai sur mes talons pour mesurer l'effet produit. Mais je ne surpris dans son regard que l'ahurissement.

— Je ne vous avais jamais vu sans cravate, dit-elle. C'est l'habitude, sans doute, je ne...

— Mais vous m'aviez déjà vu en robe de chambre, non ?

— Ce n'est pas pareil ! Je ne vous avais jamais vu sans cravate, ce n'est pas la même chose... avec un costume, veux-je dire... Sur le coup, j'ai cru que c'était... un étranger !

— Vous voulez dire que la peau de mon cou vous a soudain caché mon visage ?

— Non... c'est que... vous étiez différent, vous êtes... différent... différent d'aspect. Vous avez l'air plus... plus... euh... plus sportif.

Je me mis à rire :

— Plus sportif, moi ? C'est un reproche ?

Sa rougeur m'amusa et m'agaça en même temps. Je voulais d'elle un jugement qualitatif, un jugement féminin ; frustrée ou vierge, elle devait me le donner :

— Alors, voyons, Odile, quoi ? Vous trouvez que ça me va mieux que mes trois-pièces fil à fil, ou chiné ? Vous me préférez avec une cravate large de deux doigts, et de trois tons différents, sous un col anglais, hein ?

— Je ne sais pas, je ne sais pas ! Ce n'est pas facile à décider, murmura la malheureuse qui devait craindre, si elle opinait dans mon sens, de trahir sa chère et infaillible Laurence. Comment voulez-vous que je décide tout ça en une minute ? gémit-elle.

— Je veux bien vous laisser une heure de réflexion pour juger mes vêtements, mais ça me paraît un peu prétentieux. Alors, choisissez ! Enfin, quoi, vous me trouvez plus « sexy » comme ça ?

— Sexy ? Plus sexy ? — elle criait presque — Plus sexy ? — elle avait pris une voix pointue et indignée qui me fit rire, comme si l'adjectif « sexy » appliqué à ma personne était une sorte de blasphème.

— Eh bien oui, plus sexy ! insistai-je. Plus attirant sur le plan charnel, veux-je dire.

— Je le sais parfaitement, mais je trouve ce mot déplacé entre nous, c'est tout, Vincent, déclara-t-elle avec noblesse.

Elle avait pris une voix méprisante, ôté ses lunettes d'un revers de main, et, comme elle était ramassée derrière son bureau, debout, plaquée contre le mur, les mains cramponnées à sa chaise, cette volonté de dédain passait très mal. Ses beaux yeux vagues privés de ses lunettes erraient sur moi sans me voir et cela m'exaspéra tout à coup, me fit faire deux pas et l'embrasser violemment sur la bouche. Odile sentait la violette, comme toute femme qui suce des réglisses à la violette du matin au soir, et ce n'était pas désagréable du tout.

— Mon Dieu! dit-elle quand je la relâchai, mon Dieu! et elle trébucha contre moi.

Je la remis d'aplomb, comme une enfant, lui lissai les cheveux, tout attendri par ce parfum de violette qui me rappelait quelqu'un, mais qui? Ma grand-mère, je le craignais bien. Ce n'était pas le moment de penser à ma grand-mère.

— Préféreriez-vous que je vous embrasse quand j'ai mon col Claudine? m'enquis-je, obstiné.

— Mais... mais... — elle chuchotait, je ne sais pourquoi — mais, acheva-t-elle enfin d'un air égaré, ce n'est pas du tout ce que vous croyez, un col Claudine. C'est pour les femmes, les cols Claudine!

Je me penchai et continuai à l'embrasser tranquillement, sur le nez, sur la bouche, sur le front, sur les cheveux, tout en parlant. Elle sentait bon, elle sentait le savon marqué « Santal » dans les parfumeries à trois francs, et elle sentait surtout la violette.

— Ainsi, dis-je, les hommes ne portent pas de col Claudine! Eh bien, me voilà débarrassé d'un préjugé qui me coûtait cher. C'est délicieux, cette violette. J'ai l'impression d'être avec ma grand-mère. Ça y est, j'en suis sûr!

— Votre grand-mère? répéta-t-elle d'une voix horrifiée tout en commençant à me rendre mes baisers.

— Elle suçait aussi des bonbons à la violette, précisai-je pour la rassurer. Je ne faisais rien de mal avec ma grand-mère, vous plaisantez?

— Mais nous, nous faisons quelque chose de mal! dit-elle d'une voix enfantine et un peu niaise. Vous

vous rendez compte, Vincent? Vous vous rendez compte? Laurence est ma meilleure amie!

Je l'embrassai une dernière fois et me redressai, assez attendri et assez enchanté. J'avais décidément bien étrenné ce costume marron. Même si cette pauvre Odile n'était pas jolie du tout, elle avait un air doux, quand on l'embrassait, un air abandonné, qui valait six ravissantes petites garces.

— Il faut me promettre de ne pas recommencer, dit-elle en baissant les yeux.

— Ça, je ne peux pas vous le promettre! répliquai-je avec toute la politesse du monde. Mais j'essaierai, je vous promets que j'essaierai. Voyons, vous savez bien, Odile, que j'aime Laurence, que c'est ma femme, que c'est mon épouse, vous savez bien quels liens nous unissent!

J'étais passé dans mon studio et j'essayais de me débarrasser du rouge à lèvres absolument indélébile qu'elle m'avait mis sur la bouche. En me regardant je me sentis non plus de la sympathie mais de la compassion pour ce personnage châtain et noir — « vos couleurs, monsieur! » — pour cet étranger qui m'était si lointain et si proche, avec qui je dormais beaucoup et vivais si peu, avec qui je m'amusais souvent mais à qui je ne parlais jamais. J'entendis à peine la réponse d'Odile:

— Vous avez raison, Vincent, Laurence est quelqu'un de merveilleux et...

J'allai vers le piano et scandai chacune de mes phrases d'un accord en la dièse, fa et ré mineur que je venais de trouver et qui était superbe.

— Croyez bien que je respecte ma femme, Odile! (Un accord.) Et que je respecte son toit! (Un autre accord.) Et que je l'admire, Odile! (Un accord.) Que je la vénère, que je lui suis follement attaché, Odile ! (Un accord.) Je lui ai toujours été attaché, vous le savez, Odile ! dis-je en plaquant encore deux accords et je faillis tomber à la renverse quand j'entendis la voix de Laurence, une voix joyeuse qui s'écriait à côté :

— Eh bien voilà un retour exquis pour une femme ! Pourquoi ne me fais-tu pas cette déclaration à moi, mon chéri, au lieu d'ennuyer Odile ?

Je tapai tout doucement un dernier accord sur mon piano, comme pour remercier le destin, et sortis avec la mine de l'homme pris en flagrant délit de sentimentalité. Je me sentais doux et niais et je sursautai quand la voix de Laurence, une voix tout à fait changée, me lança :

— Xavier a décidé de te faire jouer Al Capone, ou quoi ?

J'avais complètement oublié mon costume neuf. Je baissai la tête pour le contempler encore mais Laurence, théâtrale, se tournait déjà vers sa malheureuse secrétaire :

— Avez-vous vu comment Vincent est habillé, Odile ? Est-ce que je rêve, ou est-ce que... Est-ce que vous l'avez vu ?

— J'ai déjà montré mon costume à Odile, dis-je du bout des dents, et je vis celle-ci s'empourprer. Mais je n'ai pas pu avoir son avis.

— Ce n'était pas la peine d'ennuyer Odile avec ces horreurs, déclara-t-elle. Ton costume est hideux, mon pauvre ami. Hideux et vulgaire ! Où as-tu pu acheter ça ? C'est insensé ! Enfin, s'il te plaît, je te le laisse !

Et tournant le dos comme une furie, Laurence

sortit de la pièce. Je haussai les épaules et me tournai vers Odile qui avait un air catastrophé. Je lui souris :

— J'aurais peut-être eu le temps de me changer, en effet, si je n'avais pas été trop absorbé par autre chose. Mais croyez-moi, chère Odile, je ne regrette rien.

J'avais entonné cette phrase d'une voix dramatique et malgré elle je la vis sourire vaguement sous son rouge à lèvres qu'elle avait remis à la hâte et qui était, je m'en rendis compte alors, vermillon. D'un affreux vermillon ! Qu'est-ce qui m'avait pris d'embrasser cette jeune femme plate avec ce rouge à lèvres vermillon et ces yeux égarés ? J'avais parfois des drôles d'idées que je ne regrettais presque jamais. Pour moi, Odile serait désormais liée à un charmant goût de violette ; et il y aurait toujours entre nous, désormais, ce capital d'affection que partagent deux personnes qui se sont embrassées en cachette. Elle devait bien le sentir aussi puisqu'elle me lança au moment où je quittais la pièce, d'une voix prudente et basse :

— Vous savez, Vincent, finalement, il vous va très bien, ce costume...

CHAPITRE IV

« Si je me préférais vraiment dans cette tenue, pourquoi ne pas arrêter de me raser ? Pourquoi ne pas acheter tout de suite un tee-shirt jaunâtre assorti à cette veste ? et pourquoi, si j'aimais tant ces poches aux genoux de mes pantalons, ne pas aller m'agenouiller devant les porches des églises, avec un béret de la même couleur, et y quêter ? C'était le seul emploi apparemment envisageable pour ce costume ! »

Je levai la main :

— Il y a d'autres emplois envisageables pour tout ce qui me concerne, dis-je, si j'en crois Xavier Bonnat.

Mais Laurence était lancée et ne m'entendit pas tout de suite.

— Pourquoi ne pas vous habiller jusqu'au bout comme les autres troglodytes des variétés ? Pourquoi ?...

Elle s'arrêta quand même :

— Xavier Bonnat ? Qu'est-ce que vient faire Xavier Bonnat dans cette histoire ? Ne me dites pas qu'il a le même tailleur !

Durant nos périodes de tension, Laurence avait l'habitude de me vouvoyer, conjugaison que j'adoptais, naturellement, en même temps qu'elle et que je quittais de même dès que, ses sentiments améliorés à mon égard, elle revenait au « tu » habituel.

— Non, dis-je, mais il m'a fait des propositions que, paraît-il, vous auriez acceptées vous-même.

Laurence secoua la tête et ses longs cheveux noirs sifflèrent autour de son visage comme le lasso des amazones mais elle semblait beaucoup moins à l'aise, dans son petit salon, que ces farouches créatures dans leurs immenses territoires.

— De quoi parlez-vous ? Ah oui ? Il m'a demandé si vous réinvestiriez les gains de votre chansonnette dans son prochain film, dans « Les Mouches » d'Aristophane.

— « Les Guêpes. »

— J'ai dit en effet que ça me semblait une bonne idée, continua Laurence, mais que ça ne dépendait que de vous, que cet argent n'était qu'à vous, rien qu'à vous.

Elle avait pris cet air mi-distrait mi-coupant que lui donnait la mauvaise foi.

Elle enchaînait :

— Je croyais jusqu'ici que votre argent était à moi comme le mien à vous, que nous partagions tout ! Excusez ma crédulité, Vincent — et elle se détourna dans un beau mouvement.

— Mais voyons, m'écriai-je. Mais bien sûr ! vous savez bien que tout ce qui est à vous est à moi... Non, pardon, c'est le contraire... Je voulais dire le contraire, je vous l'assure ! Seulement, que tout ce qui est à moi soit à vous, et le contraire, n'implique pas que tout ce qui est à nous appartienne à Xavier ou à J.P.S. !

— J.P.S.? dit-elle. Qu'est-ce que c'est?

— Sardal, le producteur de Xavier. — Et je me mis à rire malgré moi en pensant à la tête de Sardal pendant que Xavier parlait d'Aristophane. — C'est le malheureux qui est supposé produire «Les Guêpes», en noir et blanc, avec des inconnus, et probablement au fond du Massif Central. Vous imaginez?

Laurence ne riait pas.

— J'imagine, oui. Il est fort dommage que vous n'ayez pas lu «Les Guêpes», dit-elle froidement: Parce que c'est très beau!...

Il y avait une convention bien établie entre nous et en public: autant la musique était supposée être mon domaine, autant la littérature était le sien. Malheureusement, j'avais beaucoup plus lu (au lycée et à la caserne, comme boulevard Raspail) que Laurence n'avait eu le temps de le faire. J'avais passé quinze ans de ma vie à me gaver de littérature, bonne ou mauvaise, mais à m'en gaver. Toujours est-il que dans nos dîners, privés ou publics, je devais aussi souvent simuler l'ignorance que Laurence, elle, l'érudition. Le cas échéant, j'aurais parié tout ce qu'elle avait qu'elle ignorait strictement tout d'Aristophane — alors que je me souvenais à peu près de son époque, de ses contemporains et de certains personnages de son théâtre; voire, quoique très confusément, du thème des «Guêpes». Je m'amusai un peu:

— Je sais que le thème des «Guêpes» est le remords, je sais qu'il a été copié souvent, notamment par les existentialistes, c'est bien ça?

— Les existentialistes entre autres, oui, dit Laurence sèchement. Il a été copié par tout le monde, les romantiques aussi, bien sûr.

— Alors, disons que Xavier a eu une bonne idée!

Quand même, il aurait dû vous en avertir que ce n'était pas trois francs que j'allais toucher, mais trois millions de dollars ! Il aurait été plus honnête, vis-à-vis de vous et vis-à-vis de moi ! Et puis il a l'air toujours si dédaigneux, si tenté de me cracher au visage... je n'aime pas donner mes droits d'auteur à un type aussi prêt à me gifler... ça ne m'emballe pas... Chacun ses petites manies...

Laurence ne m'écoutait pas, elle avait l'air soucieuse : elle se demandait visiblement où elle avait mis le dictionnaire des Œuvres pour regarder à la lettre « G » ce fameux texte d'Aristophane. Elle reprit plus froidement :

— Ecoutez, lança-t-elle, Vincent, faites ce que vous voulez, je vous l'ai dit, je ne toucherai pas à vos droits d'auteur. J'aurais bien partagé avec vous les résultats de votre travail, de votre génie, de vos gains de virtuose, mais là, les hasards d'une publicité, d'un courant de variétés, vraiment pas. Je ne peux pas ! Continuez à vous acheter des vêtements horribles ! ou alors faites quelque chose d'intelligent, par exemple financez « Les Mouches », et nous verrons.

— « Les Guêpes », repris-je machinalement.

— « Les Guêpes », si tu y tiens ! — elle était revenue au « tu » dans son énervement, et je me mis à rire :

— Aristophane y tenait. Pensez à quel point ça a dû l'ennuyer de rectifier à chaque fois « Les Guêpes » au lieu des « Mouches », à son époque, le pauvre !

Laurence s'immobilisa, intriguée :

— Pourquoi ? Pourquoi « à chaque fois » ?

— Mais ma chérie, dis-je, il n'y avait pas de guêpes à l'époque, en Grèce, il n'y avait que des mouches, pas une guêpe ! La guêpe était le symbole du remords et les héros d'Aristophane sont, comme vous le savez, sans remords. De même qu'en Europe les chevaux de labour sont le symbole du travail. Or on n'en voit jamais, vous me l'avouerez. En tout cas, personnellement, je n'en ai jamais vu. — J'avais parlé sèchement et, distraite, elle ne broncha pas, hocha même la tête. J'étais ravi.

En attendant, il fallait que j'ôte de sa tête ce funeste projet de production avec Bonnat; car, je le savais, si je n'y arrivais pas, j'aurais droit à des allusions, voire des reproches : ou le film serait un succès et «j'aurais dû y participer», ou alors il serait un échec et «si j'avais eu un peu plus de générosité, il aurait pu marcher». De toute manière, il me fallait attaquer Bonnat lui-même à grands coups d'estoc dans l'esprit de Laurence.

— Vous savez, j'ai passé un curieux moment avec Xavier; c'est un étrange garçon, Xavier, vous le connaissez bien?

— Assez bien, oui... — Laurence avait pris cet air distrait et doux qu'ont les femmes quand on leur parle des hommes qui les ont aimées, ces hommes qu'elles ont punis alors parce qu'elles ne leur rendaient pas leur amour — punis sévèrement, même — et à qui elles n'ont pas montré jadis le dixième de la douceur qu'elles affichent vingt ans plus tard en invoquant leur souvenir.

— Pauvre Xavier! dit-elle. Si sentimental... Mais étrange en quoi?

— Eh bien il s'en veut horriblement de ne pas vous avoir arrachée à moi, moi le gigolo. Il prétend que s'il s'était décidé plus vite, s'il n'avait pas reculé au dernier moment, il aurait pu y parvenir; j'étais furieux!

— Quoi ? dit-elle. Quoi ? — l'indignation lui avait arraché une espèce de râle. — Comment, se décider à temps ? Qu'est-ce que ça signifie ? Xavier ? Il a passé cinq ans à me courir après, à se traîner à mes pieds. Comment ça, « se décider à temps ? Vraiment ? Xavier m'a laissée t'épouser, alors ? — Dans son énervement, elle sautait d'un pied sur l'autre et me retutoyait. Xavier ! Se décider plus tôt ! répétait-elle obstinément. Xavier, dans mes jambes du matin au soir, pendant des mois, à gémir, à geindre ! Ah non, c'est incroyable ! C'est incroyable ! Il t'a raconté tout ça, lui ?

J'arborai une expression à la fois fermée et loyale, ce qui est bizarrement tout à fait compatible.

— Non, je ne te dirai plus rien. Je l'ai peut-être mal compris. Et puis, qu'il ait parlé de « ton » amour, au lieu de parler de « son » amour, n'a rien de tellement grave.

— Mais si, s'écria-t-elle indignée, mais si !

— Il est jaloux, c'est tout.

— Mais il n'est pas jaloux de toi, cria Laurence, furieuse tout à coup, il n'est pas jaloux de toi, il est jaloux de tout ce qu'il appelle ta vie de coq en pâte ! C'est ça qui lui manque, c'est tout, je t'assure ! Comme il est, en plus, d'une avarice sordide, la moindre de tes pochettes le fait souffrir. Ça s'arrête là, vraiment, je te le jure !

J'aimais beaucoup la voir ainsi, Laurence : libre, la voix libre et le visage presque populaire, furieuse. J'adorais la voir ainsi, cynique, emportée, naturelle, sèche, comme elle refusait de se voir et comme elle refusait de paraître. Elle se voulait, elle se voyait absolue, immatérielle, détachée, intellectuelle, érudite, naïve, rêveuse, etc. Bref, elle voulait se croire, et qu'on la croie, le contraire de ce qu'elle était. Et c'est là un des grands malheurs, et l'un des plus répandus de la race humaine, me semblait-il, que ce refus de soi-même, cette passion pour son contraire, soigneusement cachée et toujours renouvelée; et qui ne pouvait devenir féroce et dangereuse que si c'était vraiment la totalité de soi que l'on remettait en question: non pas, comme moi, un petit point de détail; car dans mon cas, je voulais simplement paraître un peu plus sérieux ou laborieux, un peu moins léger et distrait, un peu plus ceci, un peu moins cela. Mais c'était tout: je n'apercevais pas en moi de défaut ou de qualité assez évident ou assez déplaisant pour que j'en désire absolument le contraire. Vraiment pas; soit par paresse, soit par une modestie finalement estimable.

Nous sortîmes de cette confrontation tous les deux épuisés — bien plus par les questions que nous ne nous étions pas posées que par celles qui étaient venues d'elles-mêmes et du dehors. J'allai me changer, enlever mon costume et remettre un col Lavallière; et je me pris à rire tout seul en me rappelant ce moment de la discussion où j'avais enseigné à Laurence la vie des insectes et l'absence des guêpes sous Aristophane: cela lui ferait une jolie bagarre avec ce malheureux Xavier Bonnat, un jour prochain. Je m'en réjouissais d'avance, même si je n'y assisterais pas.

CHAPITRE V

Il était plus de trois heures et nous devions être à quatre heures chez mon beau-père; mais Coriolan venait de m'appeler et avait dit au téléphone: « Il faut que je te voie immédiatement. » Aussi, sans prévenir personne, j'avais dévalé l'escalier et couru jusqu'au *Lion de Belfort*. Coriolan m'y attendait et se jeta presque dans mes bras. Sur son visage se succédaient deux sentiments rarissimes chez un hidalgo: la satisfaction et l'effroi. Il finit par tirer de sa poche un chèque de cent mille francs à mon nom et signé par les éditions « Delta Blues ».

— Tu te rends compte? cria-t-il. Tu te rends compte? Depuis des mois il te les devait, ce fumier! Je suis retourné chez lui hier soir en vociférant, à tout hasard, et il m'a donné ça! Qu'est-ce qu'on va en faire, bon Dieu? dit-il en jetant autour de lui des regards épouvantés.

— Ecoute, on ne va pas l'enterrer dans ce terre-plein: tu vas aller le déposer à ma banque; le type, derrière le guichet, va être enchanté. Tiens, moi, je te fais un autre chèque à ton nom. Prends un peu de liquide et laisse-le dans une enveloppe, chez la concierge, boulevard Raspail. Moi je dois aller chez mon beau-père et Laurence me cherche sans doute partout. Je te téléphonerai tout à l'heure.

— Attends, attends! cria Coriolan. Il faut que tu signes ce chèque, derrière.

Je signai donc rapidement et repartis vers notre immeuble. Par une de ces faveurs du destin comme il en dispense parfois, je trouvai dans l'escalier Laurence souriante:

— J'étais sûre que tu faisais chauffer ta voiture! dit-elle amusée. Je l'ai prédit à Odile qui te cherchait sous ton piano.

— C'est qu'elle marche tellement bien, cette voiture! Je m'en voudrais à mort de l'abîmer.

— Quel enfant tu es! Enfin, un enfant qui soigne ses jouets, c'est déjà bien...

— Tu devrais raconter ça à ton père pour l'amadouer: «Vincent soigne très bien ses jouets.»

Laurence se mit à rire, la voiture toute tiède partit d'elle-même et nous filâmes vers la Porte d'Auteuil. A un feu rouge, Laurence me regarda de pied en cap:

— Tu es quand même mieux ainsi, dit-elle car j'avais mis son costume préféré, bleu sombre avec un filet gris sur quatre, et une cravate du même gris, traversée d'une bande bleue, du même bleu que le costume naturellement. Bref j'avais l'air, en étant optimiste, d'un jeune industriel italien à la réussite excessivement récente. Cela dit, depuis sept ans, les regards des gens ne me faisaient plus rien, et pourtant j'en avais souffert; j'avais horriblement souffert à «mon» premier — enfin, à «notre» premier — essayage: Laurence avait veillé à tout, sauf à ma fierté masculine, mais comme elle veillait aussi à la facture, je ne m'étais pas agacé trop longtemps.

L'hôtel particulier de son père sur le bois de Boulogne était du style 1930. Il y avait entassé, dans de grandes pièces rectilignes et froides (et moins par souci d'esthétique que de placement, disait-il lui-même) une série de meubles Louis XV qui d'après Coriolan étaient presque tous authentiques (et Coriolan s'y connaissait aussi bien en meubles qu'en musique) : c'était en qualité de témoin, le mien, qu'il avait assisté à mon mariage et pu approfondir ses recherches dans cet hôtel particulier; on l'y avait retrouvé au soir, ivre-mort, dans une chambre d'amis avec une soubrette. Cela l'avait complètement discrédité aux yeux de ma belle-famille pour qui, visiblement, il eût été moins scandaleux de le trouver dans les bras d'une fillette, fût-elle en très bas âge, mais d'un bon milieu. Exaspéré, j'étais moi aussi devenu un paria dès ce jour-là et c'étaient les sanglots de ma belle-mère qui avaient empêché que le mariage de sa fille unique finît au commissariat.

La porte nous fut ouverte par un inconnu, habillé en maître d'hôtel, et cela me surprit bizarrement moins que Laurence, qui s'écria aussitôt d'une voix inquiète :

— Mais qu'est devenu Thomas ?

— Thomas est décédé, Madame, il y a deux ans. Hélas ! dit le maître d'hôtel en s'inclinant tristement et la main de Laurence se resserra sur mon bras.

— Pauvre Thomas... murmura-t-elle. Mon cher, mon cher vieux Thomas ! et elle me lança un regard de côté, un regard attristé.

Je battis deux fois des paupières mélancoliquement. Mais une voix joyeuse et virile nous fit lever les yeux : mon beau-père descendait l'escalier de marbre devant nous, la main flottant sur la rampe. Il s'immobilisa sur l'avant-dernière marche car il était plus petit que moi, ce qui l'agaçait beaucoup, et nous nous approchâmes. Nous avions échangé entre-temps le même regard que huit ans plus tôt lors de nos brèves rencontres, le regard de deux personnes soudain placées en face d'une caricature : pour lui la caricature du jean-foutre inutile, et pour moi celle du salopard enrichi. Après cet instant de muette reconnaissance, nous échangeâmes un sourire aimable et Laurence nous prit chacun par le bras avec sa grâce habituelle ; elle nous fit serrer la main : je serrai la main de mon beau-père et il serra la mienne avec effusion, nous nous secouâmes même le bras deux ou trois fois inutilement et nous séparâmes sans avoir essayé la moindre torsion.

— Allez ! Allons arroser ça ! proposa mon beau-père avec bonhomie, et il nous poussa vers ce qu'il appelait le « bar », la pièce la plus gaie de la maison, disait-il, où, en effet, les fauteuils Louis XV chamarrés étaient remplacés par des clubs de cuir plus confortables. Le maître d'hôtel ayant refermé la porte sur lui-même, Laurence dit à son père :

— Mais papa, j'ignorais : ce pauvre Thomas ! Que lui est-il arrivé ?

— C'est qu'il est mort, ce bon Thomas ! Un sale truc aux reins. Du jour au lendemain, il ne pouvait même plus porter un plateau, le pauvre ! Mais Simon est très, très, très bien ! précisa-t-il d'un ton rassurant.

Et sur cette oraison funèbre, nous nous assîmes. L'œil de mon beau-père me détaillait avec la même incrédulité qu'il m'inspirait lui-même. Il fit un effort :

— Incroyable ! s'écria-t-il. Sept ans déjà ! Vous

n'avez pas du tout changé, mes enfants ! Mes compliments !

— C'est le bonheur, dit Laurence, et elle baissa les yeux.

— Et la tranquillité ! ajoutai-je.

Je vis mon beau-père s'empourprer ; Laurence n'avait pas entendu ou pas compris.

— Tu sais que tu as très bonne mine, père, toi aussi ! J'avais peur, après ce qui t'est arrivé, que tu sois...

— Je suis en fer, dit-il. Et il faut l'être, pour les affaires, crois-moi ! En ce moment, on ne s'amuse pas sur la place de Paris. C'est une bataille incessante. Je suis bien content que vous ayez évité tout ça, mon cher, ajouta-t-il en se tournant vers moi.

— Et moi donc ! lui répondis-je en toute sincérité, et c'est lui qui baissa les yeux.

Le maître d'hôtel rapportait une bouteille de champagne et il nous le distribua pendant que mon beau-père piaffait nerveusement. Dès qu'il fut sorti, il lança à Laurence :

— Ma chérie, veux-tu nous laisser ? Je dois avoir une conversation d'homme à homme avec ton mari.

Laurence se leva en souriant :

— Bien, mais soyez sages ! Ne vous disputez pas. Je ne veux pas entendre le moindre éclat de voix derrière cette porte.

Elle se retourna sur le seuil pour nous sourire et elle envoya même un baiser en l'air qui hésita entre nous deux, puis fila ailleurs en toute hâte. Je me calai dans mon fauteuil tandis que mon beau-père commençait à marcher de long en large devant le bar, comme il aimait à le faire. Par malheur, ses chaussures étaient trop neuves et craquaient un peu, notamment quand il tournait.

— Ma fille a dû vous dire que j'avais eu un accident cardiaque? — Je hochai la tête. — Une malformation banale mais dangereuse de l'aorte.

Il en parlait comme il eût évoqué une médaille militaire, avec une sombre fierté où se mêlait quelque émotion. Je le sentis hésiter entre s'attendrir avec moi sur sa santé ou continuer à être désagréable. Je l'aidai à faire son choix:

— Laurence m'a parlé d'une malformation mais sans trop vouloir me spécifier où, dis-je, et je pris un air indulgent et gêné qui exaspéra mon interlocuteur.

— A l'aorte! Au cœur! J'ai failli mourir! — Il se reprit. — Je me suis rendu compte, alors, que j'étais désolé, oui, désolé... — Et il bombait le torse et martelait ses mots, l'air enchanté. — ... que j'étais vraiment désolé de mon excès de sévérité à votre égard.

— Oh, oublions tout ça! m'écriai-je. Oublions tout ça, quelle importance! Je ne vous en ai jamais voulu, vous savez. Laurence va être tellement contente...

Je me levai. Cette fois, il s'énerva:

— Je n'ai pas fini, jeune homme!

— Vincent! rectifiai-je sèchement. Il est préférable que vous m'appeliez Vincent.

Là il se cabra, rougit, se souleva même sur la pointe des pieds:

— Préférable? Tiens, tiens! Et pourquoi?

— Parce que c'est mon nom et que je n'ai, hélas, plus rien d'un jeune homme.

— Ah bon! — Il se laissa retomber sur ses talons. — Bon, Vincent, dit-il lentement. Mon cher Vincent — il hésita, comme si accoler un adjectif affectueux à ce prénom si détesté lui donnait une sorte d'inquiétude. — Mon cher Vincent, reprit-il avec autant de suspicion, l'air de quelqu'un qui suce un bonbon inconnu : Il faut que nous parlions entre nous, et sérieusement. Installez-vous bien.

— Je suis très bien installé. Est-ce que je peux fumer ?

— Mais oui, mais oui ! Mon cher Vincent — il avait plus d'aisance à présent, le bonbon se révélait amer mais mangeable —, vous n'ignorez pas les raisons de ma sévérité à l'époque ; je vous savais doué et je voulais que vous vous mettiez au travail. Je trouvais navrant de vous voir passer votre temps avec ma fille à dépenser bêtement sa dot : car elle est dépensée, vous ne l'ignorez pas... Laurence est quasiment ruinée.

— Ruinée ? dis-je. Eh bien tant pis ! Vous savez parfaitement que je n'ai pas épousé Laurence pour son argent...

Il mentait froidement car Laurence avait un homme d'affaires dont la voix de stentor résonnait tous les trimestres boulevard Raspail et terminait toujours sur un ton triomphant. En plus, je savais fort bien que, ruinée, Laurence eût été autrement affolée.

Il me regardait avec méfiance.

— Je sais, dit-il sans entrain, c'est d'ailleurs pourquoi je vous ai laissés vous marier. Mais j'ignorais que vous sauriez un jour le lui prouver.

Je pris l'air idiot : il se pencha en avant.

— J'ai lu les journaux, mon vieux ! J'ai même vu votre film ! J'ai entendu votre musique ! D'ailleurs on ne peut pas l'éviter, cette musique ! Moi, le cinéma, il faut l'avouer, ce n'est pas mon fort, et la musique, hein, c'est pareil ! Seulement... Seulement — il était hilare et presque affectueux — seulement je vais vous dire une chose, mon petit, je n'aime pas spécialement la musique ; mais si une musique me rapporte un million de dollars, eh bien, moi, ça me rend mélomane ! Hi ! Hi ! Hi ! Ha ! Ha ! Ha ! s'écria-t-il. Et il s'esclaffa tout en me donnant de grandes claques dans le dos. Et je m'esclaffai avec lui.

D'un certain côté, j'étais enchanté. J'essayai de me rappeler tout ce qu'il disait afin de pouvoir le répéter mot pour mot à Coriolan : car je ne pourrais pas le répéter à Laurence, hélas ! Il y avait peu de plaisanteries que je puisse répéter à Laurence ; son sens de l'humour était trop différent du mien. Plus exactement, je ne percevais pas le sien et le mien l'exaspérait. J'étais donc enchanté d'une part, mais un peu étonné de l'autre : si ma pauvreté avait semé une belle agitation sept ans plus tôt, il semblait que ma fortune actuelle en provoquât encore davantage.

— Et puis, dit-il brusquement en me retapant dans le dos par surprise — ce qui me fit bel et bien, comme dans un sketch, cracher mon champagne —, ça va vous changer la vie, hein, ça ! Parce que je connais ma fille ! ça ne devait pas être rigolo, l'argent de poche, avec elle, hein ? (Une troisième tape me redressa, toussant et reniflant comme un imbécile.) Entre nous, les petites femmes de Paris, quand on n'a pas un sou, hein, c'est dur à attraper ! Ah mon vieux, si j'avais votre âge ! Ah, là, là ! Ha, je vous envie, mon vieux ! — Il s'apprêtait à m'asséner une quatrième claque, toujours d'homme à homme. Je fis un pas de côté juste à temps et il heurta le bar, sans toutefois se fâcher.

— Mais... marmonnai-je, hmmm...., en toussaillant, mais quelles petites amies ? Vous ne pensez tout de même pas que je trompe Laurence ?

Il se mit à rire, d'un gros rire malin et rusé qui me fit horreur. Oui, j'eus brusquement horreur d'avoir été si gai dans le lit des amies snob de ma femme.

— Je vous assure... dis-je. Mais la colère, à ma grande surprise, voilait ma voix et changeait mes intonations. J'avais une voix de petite fille tout d'un coup, et je m'arrêtai net.

— Pas à moi, mon vieux ! Pas à moi ! s'écriait mon beau-père. Pas à moi ! Laurence est comme sa mère : elle est belle, elle est intelligente, elle est distinguée, elle est jolie, elle est bien, (c'est ma fille !) mais elle n'est pas rigolote. Ah, mon cher ami, je n'aurais pas eu une vie drôle, moi, à la maison, si je n'avais pas su me débrouiller ! Seulement, je savais me débrouiller. Je vous raconterai tout ça un jour où on sera tranquilles !

Dans la gaillardise de ses évocations, ou dans l'allégresse de ces nouveaux millions, il avait desserré son col et sa cravate :

— Je vais vous dire : quand j'ai su tout ça — votre joli coup — j'ai pensé de deux choses l'une : ou ce garçon reste avec ma fille, ou alors il part avec son fric et une petite blondasse. Attendons...

— Vous plaisantez, j'espère ! — J'avais la voix outrée. — J'ai horreur des petites blondasses.

— Ha ! Ha ! Ha ! Ha ! Ha ! Ha ! Dieu merci, vous êtes resté ! Remarquez, vous ne seriez pas allé loin : parce que moi, je suis le père de Laurence. Et à votre mariage je lui ai fait faire un contrat... en béton ! Vous êtes marié sous le régime de la communauté réduite aux acquêts, mon vieux ! Vous savez ce que ça signifie ?

— Non. Non...

Je le contemplais avec un mélange d'amusement et de répulsion; l'idée que sept ans plus tôt cet homme, malgré tout le mépris qu'il me portait, malgré sa haineuse certitude que j'étais le pilleur, ait gardé un petit espoir de me voir éventuellement devenir le pillé, me paraissait fantastique. Balzacien...

— Et alors, fis-je, qu'est-ce que ça signifie?

Il se mit à rire et me passa le bras autour des épaules:

— Ça signifie, mon vieux, que tout ce que vous avez pu acquérir avec Laurence depuis sept ans est à partager entre elle et vous, c'est tout! Voilà! Ça signifie que vous n'avez rien à lui rendre, si vous voulez, mais que tout ce que vous avez gagné, elle doit en avoir la moitié.

Je haussai les épaules:

— Comme j'étais décidé à lui donner tout...

Il me prit par le bras et chuchota:

— Ah non, alors là, ce serait une ânerie! Il n'y a qu'une chose à faire, mon bon, c'est que vous preniez un compte commun tous les deux, avec double signature obligatoire. Je vais vous expliquer: Laurence n'en veut pas de votre fric, Dieu sait pourquoi! Elle vous voyait en pianiste! Moi, je lui ai dit: «D'abord, ma fille, chacun ses goûts. Personnellement, j'ai toujours préféré Line Renaud à Bach. Ça me regarde, hein? Deuxio, cet argent, ton mari l'a gagné; il est à lui! Alors? Hein?»

Je le regardais légèrement affolé; je commençais à penser que nous nous ressemblions sur un point, un seul: le bon sens, et que c'était peut-être le pire.

— Tertio: Ce compte commun, elle ne peut rien y prendre directement. Si elle veut faire un chèque, il faut aussi que vous le signiez derrière elle : Puisque, vous, c'est votre argent, il est à vous ! Bon ! (Evidemment, quand vous retirez votre argent, elle doit signer derrière, elle aussi, simple formalité !) Mais par exemple, si elle se réveille un beau jour et qu'elle veut coller son argent, enfin, la moitié du vôtre, dans un de ces films intellectuels à la noix, impossible sans votre signature... ça vous donne le temps de la dissuader. Vous comprenez ? Moi, je n'y peux rien, hein, c'est peut-être ma fille mais là, c'est vous que je soutiens, car moi, les gens qui méprisent le fric, je ne supporte pas ! Quand on pense à tous ces malheureux qui en manquent, et patati... et patata...

Je cessai d'écouter, mais je dois avouer que quelque chose dans son raisonnement m'amusait bien : l'idée de Laurence allant à un guichet et demandant du liquide à un employé, qui le lui refusait en exigeant ma signature sur le chèque, me paraissait, je ne sais pourquoi, une vision idyllique.

Enfin mon beau-père appela Laurence d'une voix tonitruante et inutile, car elle était derrière la porte. Ils se querellèrent un peu et nous finîmes par aller droit à la banque. Je les suivis, y fis mille signatures, mais strictement les mêmes que Laurence (ce qui me rassurait), moi en riant et elle en faisant la tête. Ces banquiers-là étaient les rois de la génuflexion et du salamalec, et je m'amusai beaucoup.

Je m'amusai beaucoup, mais une fois de plus je n'aurais pas dû.

Nous étions entrés dans cette banque à cinq heures et nous en ressortîmes beaucoup plus tard, malgré les horaires que je croyais implacables de ces établissements. Il était près de huit heures quand nous arrivâmes boulevard Raspail. Laurence n'avait pas dit un mot pendant le trajet, ni d'ailleurs depuis long-temps : depuis notre arrivée à la banque, en fait, et si son imagination courait les mêmes chemins que la mienne, je la comprenais fort bien.

Cette petite scène, tout à l'heure imaginée, de Laurence repoussée par un caissier avait fait dans mon esprit des progrès considérables : pour commen-cer, elle arrivait avec son tailleur Chanel (une folie, mais indémodable), elle entrait en poussant d'un geste agacé la porte électrique de cette banque et marchait droit sur « son » guichetier : comme beaucoup de gens, Laurence avait « son » guichetier, « son » coiffeur, « sa » manucure, « son » notaire, « son » percepteur, « son » avoué, « son » avocat, « son » dentiste, etc. Peu de métiers — chauffeurs de taxi, garçons de café, et j'en avais conçu pour ces gens-là une certaine admi-ration — échappaient à cette possession frénétique et silencieuse. (Quant à moi, je n'avais, je dois le dire, personne sous mes drapeaux : « mon » tailleur était choisi par Laurence, le patron du *Lion de Belfort* régnait vraiment sur le *Lion de Belfort*, le dentiste auquel j'avais rendu visite deux fois en sept ans était celui de Laurence, etc., etc., jusqu'à la concierge que j'appelais « la » concierge, ou que j'aurais pu, tout au plus, baptiser « notre » concierge si Laurence ne l'avait pas toujours nommée « ma » concierge, d'une manière tout à fait péremptoire.) Quand par hasard elle était obligée de partager un de ses serfs avec une amie, le coiffeur par exemple, ou le bottier, elle recourait alors, comme la copropriétaire, au nom de famille : « mon » coiffeur et « mon » bottier redeve-naient M. Hulot et M. Perrin ; en fait je trouvais cette petite habitude monarchique des plus compréhensibles : l'habitude est une des pires et plus sournoises formes de la possession ; elle l'était en tout cas pour Laurence.

Je l'imaginais donc avec son tailleur Chanel entrant dans cette banque, allant avec sa détermination coutumière vers son guichetier et lui disant : « Comment allez-vous, monsieur Barras ? Je voudrais du liquide s'il vous plaît, je suis extrêmement pressée » — car il y a aussi des endroits ou des professions qui provoquent immédiatement la hâte chez leurs clientes (les banques, les salons de beauté, les garages, pour ne pas parler des grands magasins qui, eux, déclenchent carrément le grand galop). « Bien sûr, chère Madame », disait le guichetier Barras que j'avais rencontré une fois : c'était un homme pâle, assez grand, glabre, avec des lunettes et un faux air de malice. « Bien sûr, mademoiselle Chat... pardon... madame Ferzac... », disait-il en se reprenant, comme s'il avait, entraîné par son apparence, failli l'appeler par son nom de jeune fille. « Vous le voulez en billets de combien ?

— Cinq cents ! »

Pendant ce temps, Laurence avait ouvert son sac, ôté son gant, pris son chéquier, « notre » chéquier, et d'une main hâtive gribouillait « trois mille francs », puis apposait son paraphe d'un geste nerveux et ultra-rapide. Je ne sais pourquoi, les gens les plus importants — et les moins importants — signent leurs chèques comme si leur stylo était brûlant, comme si mettre quelque lenteur à signer était un symptôme d'obscurantisme ou d'illettrisme total. Bref Laurence signait et tendait son chèque d'une main impérieuse vers son interlocuteur qui, tapi derrière son grillage, brûlait déjà de lui montrer sa célérité et son efficacité ;

il prenait donc le chèque, le regardait au passage (à peine, précaution inutile bien sûr, avec la belle madame Ferzac). Et ne voilà-t-il pas qu'il s'arrêtait et jetait un regard incrédule vers Laurence qui elle-même se figeait, les sourcils interrogatifs : que se passait-il ?

— Que se passe-t-il ? lui demandait-elle d'une voix arrogante et agacée. Que se passe-t-il ? N'aurais-je plus d'argent dans cette banque ? — et elle émettait un petit rire incrédule, voire sarcastique devant cette éventualité tout à fait improbable, Dieu merci !

— Bien entendu non, ce n'est pas ça, madame Ferzac, souriait aussi le caissier. C'est que simplement, vous savez... il s'agit d'un compte commun et je crains que... avec double...

— Que quoi ? Oui, que quoi ?

Laurence s'agaçait, tapotait des doigts sur le comptoir de bois tandis que le caissier ouvrait des mains désespérées :

— Madame, je suis navré, désolé... mais voyez-vous c'est un compte spécial, vous ne l'ignorez pas, et il nous faut la signature de monsieur Ferzac.

Laurence restait pantoise :

— La signature de monsieur Ferzac ? La signature de mon mari, voulez-vous dire ? Sur mes chèques ? Et pour trois mille francs ?

— Madame Ferzac, ce n'est pas la somme qui importe, c'est le principe, vous savez bien...

— Non, je ne sais rien ! En tout cas, j'ignorais qu'il me fallait la signature de mon mari pour toucher mon argent ! Je trouve même cela insensé, etc., etc.

J'imaginais avec exultation Laurence rouge vif dans son tailleur rose vif, le caissier rouquin en face, et le banquier en chef arrivant mauve de confusion, bref un camaïeu sublime de fureur et de dignité. Mais ma folle imagination m'avait fait oublier ou plutôt retarder mon explication à Laurence : je devais absolument la rassurer, apaiser ses inquiétudes et calmer sa vanité peut-être blessée d'avance.

A peine franchi le seuil de l'appartement, elle se précipita vers sa chambre :

— Mon Dieu, nous sommes le jeudi 4 ! C'est le jour de mon tournoi de bridge ! Excuse-moi !

Elle fuyait. Je l'attrapai et la retins un instant par le bras mais elle se retourna vers moi, les yeux brillants et d'une pâleur extrême.

— Ma chérie, dis-je d'une voix rassurante, tu ne penses quand même pas que je vais honorer ce contrat avec la banque ?

Elle me contempla les yeux agrandis :

— Je ne vois pas comment tu pourrais faire autrement !

Je la lâchai en riant mais après un coup d'œil froid elle passa dans sa chambre et en referma la porte aux trois quarts. Ce fut donc sans la voir que je dus lui parler :

— Tu me connais mal. Ou plutôt, tu ne me connais pas en homme riche. Je ne suis plus le même. Les gens changent avec la fortune !

— Je m'en moque ! — Sa voix était froide. — Je m'en moque ! Je t'ai déjà précisé que je ne voulais pas un sou de ton argent. Et puis, je ne vois pas comment tu pourrais changer un iota à ce contrat !

Elle était vraiment excédée et il y avait de quoi, après tout : pour une femme qui m'avait fait vivre pendant sept ans, se retrouver devant un butor éventuel était une épreuve un peu dure.

— Ma chérie, enfin, voyons, c'est moi. Ecoute-moi. Demain je vais aller à la banque et tu verras que tout ça n'est qu'une plaisanterie. Crois-moi, ils feront ce que je voudrai.

— Je serais étonnée que tu les persuades.

Moi je savais que je n'aurais aucun mal à les convaincrc dc tout mettre sur le compte de Laurence, ce qui était le plus simple et après tout le plus normal. Je lui ferais seulement signer un gros chèque global pour Coriolan en lui expliquant pourquoi — ou non — et il me resterait toujours pour moi mes droits d'édition sur papier que je n'avais pas mentionnés tout à l'heure à la banque, plus les cent mille francs que Coriolan avait soutirés à « Pas un sou » : ce n'était pas si mal !

— Qu'est-ce que tu paries ? dis-je. Tu paries que demain tu iras refaire tes petits chèques toute seule, comme d'habitude, et que tu te passeras de ma signature ?

Il y eut un silence.

— Mais toi tu auras besoin de la mienne, jeta-t-elle en sortant de la chambre.

Elle s'était en deux minutes remaquillée, habillée de noir ; elle semblait la statue de la justice et de la colère, ce qui lui allait très bien et me changeait de ses perpétuelles agaceries. Je fis un pas vers elle mais elle recula précipitamment, leva même le bras devant son visage dans un geste de défense qui me stupéfia ; je n'avais jamais frappé Laurence ni même pensé à le faire.

— Je suis en retard, siffla-t-elle. Laisse-moi partir ! tu ne vois pas que je suis en retard ?

Tous les premiers jeudis du mois en effet, elle allait faire un bridge avec des vieilles camarades de collège, bridge à la fin duquel elle perdait ou gagnait, dans les cas les plus extravagants, cent francs ; cette folle hâte m'étonnait.

— Eh bien va, dis-je, va donc ! Ne mise pas notre compte commun, s'il te plaît, sur un grand chelem ?

Déjà elle ouvrait la porte, négligeait l'ascenseur et prenait l'escalier au petit trot. Je m'appuyai à la rampe pour la voir descendre. Elle releva la tête, mais pas avant le palier du dessous et, le regard étincelant, me lança d'une voix tout à coup plus légère :

— Peux-tu m'expliquer comment tu vas mater ces banquiers, demain ?

La question était sarcastique. Elle faisait la fière mais je savais que cet argent, qui lui déplaisait tant aujourd'hui, elle finirait par s'y attacher. Laurence n'avait jamais dédaigné l'argent très longtemps.

— Ce que je vais faire ? lançai-je en me penchant sur la rampe. Mais, ma chérie, je vais mettre tous ces dollars à ton nom à toi, à ton seul nom. Comme ça tu n'auras plus besoin de ma signature pour faire ces chèques ! Tu m'en signeras un de temps en temps si tu en as envie.

Et comme je ne voulais pas entendre ses cris de refus et ses dénégations, je rentrai très vite dans l'appartement et claquai la porte derrière moi. J'eus tout de même le temps d'entendre un cri dans l'escalier, mais qui me parut de surprise plutôt que de protestation.

CHAPITRE VI

C'était à Paris un de ces derniers soirs de septembre d'une douceur imparable. Le ciel gardait toujours son bleu dur, son bleu marine, son bleu nuit enfin, et il le déployait avec autant de superbe d'est en ouest, mais avec aussi un peu plus de distance; et déjà, et surtout, il se montrait, sur tous ses bords, comme criblé, cerné, déchiqueté par des bancs de petites nuées roses — de ces roses grisâtres, rose buvard, rose frileux, que déversent sur les ciels trop bas de l'hiver les lumières d'une ville — et dont celui-ci serait très bientôt totalement recouvert. Ce soir pourtant à peine posé sentait le froid, sentait l'hiver, et un jardinier ou un balayeur avait dû faire quelque part, pas loin, un feu de feuilles mortes puisqu'une odeur violente et exquise, une odeur corrompue et enfantine, venait jusqu'à nous et nous lançait au visage des souvenirs de campagne, encore plus déchirants si l'on n'y avait jamais, petit, mis les pieds.

J'éprouvais un grand besoin de poésie depuis nos conversations avec Coriolan — que j'avais rejoint après le départ de Laurence dans notre café préféré — Coriolan à qui j'avais montré la copie de mes engagements avec la banque, Coriolan qui me balayait de ce regard plein de condescendance et d'affection que je lui avais vu quelquefois à mon égard, toujours à ma grande honte.

— Mais enfin, dis-je, voyons, écoute, Laurence ne peut pas refuser de me signer des chèques pour prendre mon propre argent dans cette banque ? Ce serait incroyable !

— J'aimerais bien !

— Mais puisqu'elle n'en veut pas !

— Non, elle n'en veut pas ! Surtout pour toi, elle n'en veut pas ! Ton argent, pour Laurence, il est synonyme de femmes blondes, de tickets d'avion solitaires et d'images de toi dansant le cha-cha-cha dans un casino — sans elle. Tu ne comprends pas ça ? Elle déteste cet argent, et maintenant qu'elle peut te l'interdire... — il secoua la tête.

Je me débattais comme un crétin :

— Tout de même... elle ne peut pas me refuser...

— Elle peut te refuser de quoi t'acheter un paquet de cigarettes, si elle veut ! dit Coriolan avec fermeté. Comprends-le : tu peux ne jamais voir un centime de cet argent. Ah, ils t'ont bien manœuvré, il faut le dire... Chapeau !

Je poussai un grognement incrédule ; mais je me rappelais à présent le ton joyeux de mon beau-père ; et le geste de Laurence dans l'appartement, quand elle avait eu peur apparemment que je la frappe... si elle avait eu peur, c'est que j'avais des raisons de la frapper ; et je commençais à voir trop bien lesquelles. Cela me paraissait néanmoins si invraisemblable...

— Elle ne va pas... penses-tu...? quand même...!

Coriolan haussa les épaules sans répondre et tourna la tête. Puis il me tendit mes papiers du bout des doigts, me tapota l'épaule, se renversa sur sa chaise, l'air épuisé, crucifié...

— Quelle heure est-il? demandai-je.

— Ne me dis pas que tu vas rentrer tranquillement au foyer conjugal!

Il avait l'air révolté.

— Mais, que veux-tu que je fasse d'autre?

— Toi, alors! Remarque, je le savais. Mais là, tu me tues!

Je le trouvais étrange; c'était bien le moment de m'en aller, vraiment, à l'instant où nous pouvions enfin avoir une vie agréable et tranquille, Coriolan et moi. C'était le moment de se battre, au contraire, pas celui de fuir. Je comprenais très bien ce qu'il voulait dire: à ma place, il aurait sonné le tocsin et pris des airs d'exil; et sans doute aurais-je dû, en effet, marquer le coup. Mais j'étais un homme pratique: où aller dormir? Dans quel hôtel effrayant des alentours, alors que j'avais sur moi cent vingt francs, même pas mon pyjama, même pas une brosse à dents, rien? Alors que tout était fermé, et que me réveiller dans une chambre misérable d'automne me semblait littéralement abominable? Non, il me fallait rentrer, montrer à Laurence que j'étais conscient de ses manœuvres médiocres — quasi malhonnêtes — et, tout de suite, fixer les règles du jeu afin qu'elle me laisse disposer de mes biens. Le plus difficile pour moi dans cette affaire serait de jouer longtemps les offensés: s'il y avait une humeur ou un sentiment que je n'arrivais jamais à simuler d'une façon durable, c'était bien l'indignation. En tout cas, je ne m'y étais jamais essayé avec succès.

Mais cela, Coriolan le savait depuis longtemps; et il savait aussi que je ne pourrais pas provoquer avec Laurence la grande scène que lui-même aurait jouée. Comme d'habitude, tout le monde savait tout sur moi à l'avance, et bien avant moi-même. Et comme d'habitude mon éventuel comportement, si prévisible et si prévu, m'empêchait d'en adopter un autre — ou plutôt me dispensait de le chercher.

J'avais d'ailleurs, c'est vrai, plus envie de réduire Laurence que de la quitter. J'étais surtout certain de la circonvenir; je la voyais mal, si je lui disais «Sois gentille, donne-moi cet argent que j'ai gagné», je la voyais très mal me répondre «Non, je le garde!». Impensable entre deux personnes qui vivaient ensemble depuis si longtemps, qui couchaient ensemble, qui disaient ou écoutaient dire des mots d'amour. Une telle attitude, un tel cynisme étaient réellement impossibles. Et Laurence tenait à son image de moraliste.

En y pensant bien, je n'avais pas du tout envie de lui parler ce soir, comme ça, à chaud. C'était au-dessus de mes forces. Non, je dormirais dans mon studio et demain matin, dès l'aube, elle aurait droit à la grande scène de charme et de virilité. Je rentrai donc sur la pointe des pieds, constatai avec soulagement son absence — son bridge se prolongeait parfois tard — et allai me coucher dans mon studio. De toute façon, Laurence ne savait pas que je savais: pour elle, plus fastueux que nigaud, je voulais lui donner ce qu'elle me prenait. Elle était en état d'infériorité par rapport à moi. Bercé par l'idée de ne devoir simuler, le lendemain, ni l'indignation ni la rage, je m'endormis presque aussitôt.

Je me réveillai au milieu de la nuit, en nage: je

savais très bien pourquoi j'étais puni : j'étais puni pour avoir voulu, ne fût-ce que dix minutes, m'immiscer, faire partie du clan des nantis. Il y avait eu un moment à la banque où, habillé si correctement, réhabilité aux yeux de mon beau-père, regardé avec considération par ce banquier, je m'étais senti rassuré, à l'aise, dans cette respectabilité, ce confort et cette manifeste sécurité. Je m'étais senti du côté des autres ; et lorsque ce gros banquier m'avait expliqué les intérêts qu'il extorquait aux cigales de sa banque pour leur prêter l'argent des fourmis, cela m'avait paru presque intéressant ; je m'étais laissé séduire par les marchands, par des gens au milieu desquels je vivais pourtant depuis sept ans sans avoir eu le sentiment d'être des leurs. J'étais puni par là où j'avais péché, par le fric, ce si vilain mot tellement plus vilain que « tube », mais auquel j'avais cru le bref moment où j'en avais eu (ou pensé en avoir) et qui d'ailleurs était celui-là même où je le perdais.

A midi, j'entrai dans la chambre de Laurence qui était assise dans son lit, dans notre lit, et y croquait des biscottes, un plateau sur les genoux, rose, brune, appétissante ; la maturité lui irait très bien : les femmes brunes et un peu pleines de son type s'y épanouissent toujours ; et je regrettai un instant de manquer ce spectacle (auquel, après tout, rien ne m'empêchait d'assister). En réalité, je ne savais pas ce que je voulais vraiment ; d'où l'objectif précis et limité que je m'étais donné. Elle, en tout cas, paraissait bien rassurée :

— Bonjour, chéri ! dit-elle en tendant les bras et je posai ma tête sur son épaule douce, parfumée, et dont le contact et l'odeur m'étaient si accueillants, si familiers, que je ne pouvais les croire à la solde d'une volonté hostile.

Tout ça n'était que de la bêtise chez elle, de la vanité et de la bêtise, plus, en effet, la crainte de ma disparition. Je cherchais, j'espérais, je désirais avec fébrilité la preuve que ma femme était vraiment bête, plus bête encore que je l'avais remarqué certains jours. Et je me redressai :

— Alors, plus fâchée ? Comment as-tu pu croire que je te laisserais rabrouer par un caissier ?

Une expression avide, déconcertée, méprisante, inquiète, passionnée, errait sur son visage ; elle souriait tristement à quelque chose et je la sentis au bord de s'apitoyer sur elle-même.

— Je vais de ce pas, dis-je, à la banque — et je me levai, m'élançai mais m'arrêtai net. — Ah, j'oubliais ! Avant d'arrêter ce compte, on va faire un chèque ensemble, un seul. Le seul où tu auras besoin de ma signature. Tiens...

Je lui tendis un des chèques de dépannage que m'avait confiés la banque, la veille. Laurence le prit mais broncha en le lisant :

— Trois cent mille francs ! Un chèque de trois cent mille francs ? Trois cent mille francs nouveaux ? répétait-elle, et elle insistait sur le mot « nouveaux » comme si j'eusse été de ces vieilles tantes de province, distraites et anachroniques, que recèlent toutes les bonnes familles.

— Nouveaux, oui, oui, bien sûr, nouveaux ! confirmai-je en souriant, mais j'avais l'impression de sourire de toutes mes dents d'une manière horrible.

— Et pour quoi faire ?

La tonalité incrédule et amusée de sa voix m'obligeait à adopter un ton encore plus égayé qu'elle ; et je vis le moment où nous allions succomber au fou rire au-dessus de ce malheureux chèque.

— Un Steinway, dis-je. Le dernier Steinway. Tu n'imagines pas le son qu'il a ! J'en aurai rêvé dix ans, ajoutai-je, espérant que ce mode grammatical lui semblerait convaincant.

Comment le nommait-on déjà ? Ah, oui, le futur antérieur ! Désignait-il « ce qu'on avait cru, à bon escient, jadis, être le futur, un conditionnel optimiste », ou plutôt n'était-ce pas « ce que l'on avait cru possible, hier encore, et qui s'avérait aujourd'hui folie douce » ? Le futur antérieur, oui, mais ce n'était pas le moment de flirter avec la langue française : le visage de Laurence prenait une expression douloureuse et indulgente, un de ses cocktails de mimiques préférés.

— Pourquoi ne pas me l'avoir dit ?

Je notai au passage le poids de l'infinitif « avoir », plus prometteur, me semblait-il, que le passé composé « pourquoi ne me l'as-tu pas dit ? ». Mes pensées voletaient dans toutes les directions sans que j'arrive à les domestiquer.

— A cause du prix, justement ! expliquai-je. Ah, mais tu n'as pas de stylo, dis-je. Pardon.

Je lui tendis le mien avec l'air satisfait de quelqu'un qui comprend enfin les raisons d'un délai inattendu. Laurence prit le stylo et relut ce chèque une centième fois. Je restais sur un pied devant ce lit, l'air gai, l'air pressé aussi. Je me frottais même les mains, comme pour souligner et mon assurance et ma hâte. Et soudain, en un instant, je sus ce que c'était que la haine. Quelque chose se leva en moi, me claqua au visage et m'étourdit. Quelque chose qui m'imprimait, en plus, une double pulsion : une en arrière pour éviter cette personne devant moi qui me faisait odieusement attendre, l'autre en avant pour la courber et l'écraser sur ce lit chamarré, pour l'étouffer. Je m'immobilisai, le cœur battant. Ce n'était pas un sentiment léger et rapide, oh non! Mes bras étaient sans force, il me semblait qu'ils pendaient de chaque côté de moi exsangues, désœuvrés, désénervés, au sens moyenâgeux; je finis enfin par les retrouver et par revenir à moi-même; mais comme on retrouve, après s'être gelé les doigts, le sentiment, la sensation de son doigt, c'est-à-dire une absence de consistance, un double et faux contact entre sa peau et sa chair tout à fait désagréable.

Trop occupé donc à retrouver l'usage de mes sens — selon une formule désuète qui m'avait été jusque-là obscure et que je comprenais enfin aujourd'hui — trop occupé bref, j'entendis à peine le «non»! de Laurence. J'avais détourné le visage sous le flux de cette haine, par crainte qu'elle ne soit visible, et je restai un instant de dos à Laurence après ce «non», avec une sorte de résignation, celle que doivent éprouver les diplomates quand la guerre enfin éclate, malgré tous leurs efforts: «A Dieu vat!»; une résignation et aussi une incrédulité presque objectives: comment pouvait-elle me refuser d'acheter un instrument de travail avec mon propre argent? Après coup, j'étais plus curieux que furieux comme si cette crise de haine si brève et si violente m'avait délesté de tout fiel.

— Non, je ne vois pas ce que tu reproches à ce Pleyel...

La voix de Laurence était offusquée; on eût dit la courageuse veuve Pleyel face à deux hyènes d'acheteurs.

— Tu m'excuseras, rétorquai-je avec autorité, je

ne te demande pas pourquoi tu préfères Chanel aux Trois-Quartiers; c'est indicible, justement.

J'étais las des incidents de frontière et je me sentis attiré dans un guet-apens quand elle me dit en tapotant le drap:

— Vincent, assieds-toi ici. Viens!

Je m'assis prudemment en face d'elle et croisai très vite ses beaux yeux égarés, muets, périlleux, aveuglés comme, la nuit, les phares mal réglés de certaines voitures.

— Vincent, regarde-moi, je t'en prie!

Et elle prit ma tête dans ses mains, la rapprocha de la sienne au risque de se faire mordre. Je me contins au prix d'un effort surhumain; elle trichait. Cette fausse honnêteté, cette fausse sincérité, nos deux regards si proches et si éloignés en réalité l'un de l'autre, tout cela suscitait une comédie d'une telle lourdeur, d'une telle vulgarité que je me dégageai avec brusquerie pour la première fois.

— Ecoute, arrêtons-là! Ou je peux acheter ce Steinway avec mes droits d'auteur, ou on n'en parle plus; et dans ce cas-là, si tu veux, je fais un chèque tout de suite à ton père pour le total.

— Je n'ai pas le droit, Vincent! gémit-elle d'une voix suppliante. Je n'ai pas le droit de te laisser claquer tout ça avec Dieu sait qui; car tu sais parfaitement que ce n'est pas un Steinway que tu veux acheter mais tes copains que tu veux dépanner!

— Et quelle importance?

Qu'elle ait raison ne me gênait pas le moins du monde, mais que j'aie le droit d'avoir tort m'apparaissait évident et qu'elle refusât d'y souscrire complètement anormal.

— Mais si! Tu finirais par tout dépenser! Naïf

comme tu l'es, tes parasites te prendraient tout et tu perdrais en même temps ta confiance dans le genre humain. Ça, non, mon chéri, je ne veux pas que tu sois amer...

— Ça me regarde, non?

— Et en plus, c'est toi qui l'as voulu, Vincent! Inconsciemment tu as demandé et voulu un rempart contre ces gens. Tu as voulu être protégé par des personnes responsables. Réfléchis! Autrement, comment aurais-tu accepté l'aide de mon père?

— Ton père m'a bien entortillé, dis-je, retenant au dernier moment le mot «filouté», car je ne pouvais pas décemment déclarer que c'était me filouter que de lui faire partager mes biens. Il ne m'a pas expliqué toutes les règles, ajoutai-je, ni que, par exemple, je ne pourrais pas acheter un paquet de cigarettes sans ta permission.

Elle leva la tête avec fierté:

— As-tu jamais eu besoin de ma permission, jusqu'ici, pour acheter un paquet de cigarettes?

Si elle comparait mon argent de poche à mes droits d'auteur... Je lui jetai un coup d'œil éloquent qui la fit quand même rougir.

— En revanche, tu pourrais récolter les intérêts de ton capital tous les mois, ce qui te ferait des liquidités consistantes. Pour ça, je te signe d'avance tous les arrangements que tu veux avec la banque.

— Si je comprends bien, je peux dépenser les fruits de l'usure de ton banquier mais pas les fruits de mon travail? C'est parfait!

— Chéri, dit-elle tendrement — et elle souriait presque —, mon chéri, tu es furieux, mais c'est pour toi, Vincent, je te le jure! C'est pour toi! Je ne toucherai pas un franc de ton argent, tu le sais bien.

Je te le garde, c'est tout : tu le désires, d'ailleurs, sans t'en rendre compte (cette petite note freudienne était visiblement la dernière pierre de l'édifice créé pour abriter sa bonne conscience : entre la veille au soir et ce matin, elle l'avait dressé, inébranlable, avec la force invincible de la sottise et de la mauvaise foi jointe à celle, si vivace dans son cas, de la possession).

Je n'étais pas de taille à lutter contre des sentiments et des désirs si simples, si forts, ni contre les armes imparables qu'elle utilisait.

— Mais je pense à toi, Vincent ! Imagine qu'il m'arrive un malheur, mon chéri...

— N'évoque pas des catastrophes, veux-tu, dis-je dans un dernier sursaut d'ironie, juste avant que quelque chose ne se coince dans ma gorge et ne m'oblige à sortir, presque à reculons, rouge, trébuchant sous le regard affolé de ma femme aimante ; j'éprouvais une sorte de nausée nerveuse comme je n'en avais pas eu depuis belle lurette, depuis mon adolescence en fait, et dont je croyais, à l'époque, qu'elles correspondaient à des troubles psychiques dus à cet âge, des troubles dont je m'étais cru à jamais débarrassé.

Je rentrai dans mon studio, mon refuge, fermai la porte à clef et m'allongeai sur mon lit. Elle m'avait bien eu ! Depuis sept ans elle se fichait de m'humilier, elle voulait juste que je sois là, même furieux et cachant ma fureur. Elle avait toujours rêvé de me tenir et de me faire sentir qu'elle me tenait ; ulcérée de m'entretenir, elle avait dû penser que je restais avec elle uniquement pour cela, que je ressemblais à son père, ce pourceau vaniteux : à la différence que je n'étais pas, moi, en mesure de la blesser, comme sa pauvre mère avait dû l'être toute sa vie. Laurence avait dû voir ce gâchis toute son adolescence et se jurer qu'elle éviterait ça : la morgue et la muflerie d'un mari infidèle. Elle m'avait épousé pour cette raison-là, parce qu'elle me croyait faible et s'imaginait pouvoir m'empêcher de la tromper ; elle avait toujours été la propriétaire et moi l'objet ; elle ne m'avait jamais aimé, elle m'avait possédé. Quant à ces échecs dont j'avais eu honte, elle ne m'en avait consolé que parce qu'ils l'arrangeaient ; elle ne voulait pas d'un grand virtuose, elle aurait même tout fait pour que je ne le devienne pas, si jamais j'en avais eu les dons.

Et ce qui me désolait, ce qui blessait en moi ma vraie nature de cynique sentimental, c'était le souvenir des moments où je l'avais aimée un peu en effet, où j'avais eu du plaisir à la voir et à la croire heureuse — moments qui n'avaient jamais existé ; *elle* m'avait dupé en revanche, *elle* avait profité de moi, *elle* avait vécu à mes crochets, à moi, ceux de ma bonne humeur, de mon tempérament vigoureux, de ma gaieté naturelle ; elle les avait surveillés et utilisés dans une tension perpétuelle et jamais relâchée ; elle m'avait dit mille fois « je t'aime » pour la seule raison que l'amour était pour elle une prime, un bonus, alors que moi, je le lui disais parce que j'y croyais, parce que je voulais y croire.

Et pourtant, je m'étais ennuyé avec elle, farouchement ; j'avais supporté ses affreux amis, sa forfanterie, sa dureté, sa bêtise, son snobisme, avec une indulgence coupable ; ou plutôt une indulgence inspirée par la culpabilité, celle que je ressentais parfois à l'idée qu'elle m'entretenait de la sorte, une culpabilité que je n'aurais jamais éprouvée, au demeurant, si elle avait été généreuse avec un peu de grâce et de naturel ; bref, si elle m'avait aimé pour moi.

Mais à présent j'étais captif, je n'avais pas la force de repartir de zéro sans métier, sans amis, sans argent, et surtout sans l'habitude de la pauvreté. Elle m'avait pris les plus belles années de ma vie comme si j'avais été moi une femme et elle un homme. Et toutes les histoires de lit n'y changeaient rien. Elle ne m'avait vraiment aimé que pour elle. Elle ne me connaissait pas, elle ne s'intéressait pas à moi ; il me suffisait pour m'en rendre compte de me rappeler avec quelle vigueur elle corrigeait chez moi tout ce qui ne l'arrangeait pas. J'eus une sorte de sanglot sec et je pensai que Laurence me faisait pleurer pour la première fois ; mais pleurer de honte car elle m'avait dupé.

Je me souvenais de cette soirée sur mon lit, la seconde fois qu'elle y avait dormi, dans cette chambre d'hôtel minable où j'habitais alors, avenue Coty, et où nous avions décidé de nous marier. Elle ne m'avait pas demandé si je l'aimais, elle m'avait dit qu'*elle* m'aimait, qu'elle voulait vivre avec moi et que je serais heureux avec elle. Je lui avais bien objecté que je n'étais pas sûr, moi, de l'aimer ; c'était sans importance, avait-elle répondu, je l'aimerais bien un jour. Elle avait même ajouté, lourdement mais flattouce-ment : « Tant que tu fais aussi bien semblant, mon chéri ! » C'était après l'amour et je l'avais crue ; je m'étais cru. Je me retrouvais, sept ans après, prisonnier, égoïste, incapable et cynique, et à présent ridicule. « Bravo, me dis-je, bravo ! Pour une fois que tu t'amuses à faire un bilan, un point de la situation, il faut reconnaître qu'il est brillant ! Bravo, mon cher Vincent ! » Mais plus que l'avenir, ce qui me faisait peur, a posteriori, c'était l'idée d'avoir pu vivre sept ans, d'avoir dormi sept ans, près de quelqu'un qui ne m'avait jamais aimé, qui n'avait jamais éprouvé pour moi que le pire de la passion — si l'on pouvait nommer ainsi cette avidité têtue qui était la sienne.

Je repartis dans mon studio, mon repaire à présent provisoire, prêt à m'y rendormir. Mais il n'était qu'une heure de l'après-midi. J'avais supporté plus de péripéties, de chocs psychologiques ou sentimentaux en une heure que pendant toute la semaine ; il fallait que je sorte mais où aller ? J'hésitai un instant à prendre la voiture. Au lieu de me sentir soulagé des devoirs d'un mari, je me sentais privé des droits du gigolo ; dès l'instant où Laurence ne m'avait pas aimé et ne m'aimait pas (enfin pas plus qu'elle eût aimé n'importe quel homme vigoureux, présentable et docile) je n'avais plus droit à rien. Qu'allais-je donc faire de moi ? « Semblant ! Tu vas faire semblant ! » me soufflait une voix aiguë et prudente : « Semblant de n'avoir rien compris, semblant de rire, semblant d'oublier ! Semblant ! Toujours semblant ! »

Je devais m'occuper de mes affaires ; me rendre chez « Pas un sou », étudier avec lui les moyens d'échapper aux griffes de ma belle-famille. Dans ma rébellion, je revêtis mon costume neuf, celui que détestait Laurence, celui qui avait une mauvaise coupe, un mauvais tissu et me donnait mauvais genre, et sortis. Je croisai dans l'escalier Odile qui arrivait et me fit un grand sourire. Je le lui rendis avec un clin d'œil, me demandant quelle version de l'histoire lui servirait Laurence, quelle version exigerait sa vanité ou son moralisme.

J'allai donc chez « Pas un sou » tout seul, Coriolan remplaçant un bookmaker tous les jeudis. Aux « Delta Blues », on me fit attendre et, comme il pleuvait sur les marronniers, je trouvai que les jours se suivaient et ne se ressemblaient pas, comme dans le dicton. Quand j'entrai dans le bureau de «Pas un sou», il me sembla fort grognon.

— Vous voilà! grommela-t-il. Eh bien, vous m'excuserez, j'ai reçu la lettre de votre banque ce matin, mais je n'ai pas encore eu le temps de réunir vos comptes.

— Quelle lettre?

— Celle que vous m'avez envoyée hier. Bravo, hein, vous expédiez des procurations et des demandes de comptes comme on fait des sommations pour le bagne, hein, vous! J'aurais pu me croire un escroc, à vous lire! Enfin, votre beau-père m'envoie un expert demain pour éplucher mes comptes...

— Je n'y suis pour rien, avouai-je piteusement.

— Ah, ça, vous vous êtes fait avoir dans les grandes largeurs, je dois le reconnaître! ça, c'est vrai! Vous n'allez pas toucher un franc de votre *Averses*, mon vieux! Plus un kopeck!

— Ce n'est pas exactement pour ça...

— Eh bien, je vais vous dire, continuait «Pas un sou» déchaîné, et bien, moi je pense «tant mieux!». Parce que je vais vous dire, le métier de compositeur, et les tubes, et tout ça, et le succès, c'est pas fait pour les amateurs, vous comprenez! Un tube, ça ne se trouve pas au coin d'un piano, un beau matin, par hasard!

— C'est pourtant comme ça que j'ai trouvé *Averses*.

— C'est ce que je croyais! C'est ce que je croyais! Seulement maintenant, je connais l'histoire, la vraie! Figurez-vous que j'ai dîné avec votre ami Bonnat, le metteur en scène; il m'a tout raconté!

— Il vous a raconté quoi?...

— Eh bien, que l'idée du thème était d'un ami à lui: «do, si, la, fa», je ne sais pas quoi, et que vous l'avez arrangé, mal d'ailleurs, mais déclaré tout de suite; et qu'il a dû le faire réenregistrer, après, par une troisième personne mais à votre avantage... Bravo, mon vieux, bravo!

Je l'arrêtai, sidéré:

— Non, mais, Bonnat vous a dit ça?

— Oui, oui, renchérit «Pas un sou» avec entrain, et je l'ai cru. Entre un homme comme Bonnat qui fait un métier qu'il aime, lui, et un type comme vous qui est tout juste bon à faire envoyer des sommations par sa femme ou par la banque de sa femme, vous m'excusez, je n'hésite pas trop, moi... Remarquez, votre femme, elle s'est débrouillée comme un chef. C'est vrai que ça ne doit pas être drôle tous les jours d'avoir épousé un gigolo, il faut bien l'admettre aussi...!

«Allons bon, me dis-je avec fatigue, il va falloir que je me batte...» et je cherchai mentalement comment l'éviter; seulement mes nerfs, plus rapides que ma tête, avaient pris les devants et mon poing, déjà, manquait le menton de «Pas un sou» mais lui atteignait la joue. Il fit trois pas en arrière, en titubant et criant «Attention, hein, attention, mon vieux! Attention! Méfiez-vous!», menace aussitôt caduque puisqu'il tomba lourdement sur le sol, donnant enfin quelque utilité à son épaisse moquette.

— Ça va vous coûter cher! hurla-t-il du sol en pointant l'index sur moi. Ça va vous coûter cher!

Je pointai mon index à mon tour vers lui mais en riant:

— Je ne vois vraiment pas ce qui pourrait me coûter cher à présent... hein ? l'imitai-je...

J'eus le temps d'apercevoir en sortant chez ses employés des regards ravis, voire reconnaissants de ce knock-out. Je fermai la porte de cet endroit où je m'étais imaginé, je ne sais pourquoi, débarquant de temps en temps pour y parler de mes affaires, de mes projets, comme un homme ordinaire... Un bureau ! J'avais failli avoir un bureau... Quelle idée ! Le cœur encore battant après cette petite colère, j'allai m'asseoir à la terrasse d'un café et y commandai un whisky, comme un grand garçon. Il fallait absolument que je me souvienne de taper sur Xavier Bonnat, si jamais je le rencontrais... Mais je me méfiais de moi, à ce sujet aussi ; la brièveté de mes rancunes était égale à celle de mes colères et déjà je plaignais ce pauvre « Pas un sou » harcelé par les huissiers de mon beau-père ; déjà aussi je plaignais presque Xavier Bonnat que l'échec de ses plans financiers menait à de si piteux mensonges. Il n'empêche... les mauvais coups succédaient aux mauvais coups et mon destin s'assombrissait à vue d'œil. Je levai la main et appelai le garçon. Mon deuxième whisky était moins bon que le troisième, celui-ci que le quatrième, etc., etc. Bref, à quatre heures de l'après-midi, j'étais ivre mort à la terrasse du *Fouquet's* et fort content de l'être. Il fallait que je prenne garde, que je ne rentre pas chez moi ; j'avais toujours eu l'alcool très bonasse, très affectueux, et je m'imaginais fort bien débordant d'oubli et de tendresse dans les bras de Laurence. (Et ça, quelque chose me disait que je ne devais pas le faire.) Je pouvais aller voir Coriolan dans son bar mais je n'y avais encore jamais mis les pieds, ce qui prouvait bien qu'il n'y tenait pas. Après... eh bien, ma foi, après...

je me trouvais à la rue ; je n'avais plus d'amis hommes
— éliminés par Laurence — pas plus que de femmes,
bien entendu. Fils unique, mes parents étant morts,
je n'avais pas non plus de famille où me réfugier. Si,
il me restait quelques folles maîtresses, souvent des
amies de Laurence, mais ces histoires dataient de
deux ou trois ans, Laurence m'ayant ôté aussi le goût
de l'aventure. Il me restait encore le jeu, mais
personne ne me prêterait une somme convenable sur
un chèque volant. J'avais de quoi payer mes consommations, point final. Je réglai donc mes whiskies avec
largesse et à ma grande surprise découvris au fond de
ma poche mille cinq cents francs — l'enveloppe de
Coriolan — qui dataient de ma journée d'homme
riche. J'avais été cela tout un jour : un homme riche !
Ce n'était pas donné à tout le monde, même si je
n'avais pas eu le temps de beaucoup le savourer. Je me
levai avec prudence et constatai que mon organisme
supportait toujours bien l'alcool ; je marchais droit,
quoique la tête un peu penchée sur l'épaule, tel un vrai
Al Capone ; il manquait juste un chapeau à ma
silhouette : je courus l'acheter dans une boutique, ce
qui ne me laissa plus que sept cents francs, et revins
à ma table. Il n'était pas question que je rentre avec
ces sept cents francs chez moi : j'étais sûr que
Laurence ou son père me les arracherait de la poche
dès mon arrivée. « Non, ils ne m'auront pas cette fois,
marmonnai-je, c'est trop facile ! Ah non pas cette
fois ! » Je cherchai ma voiture du regard, en vain, mais
finis par découvrir dans cette direction une fille dite
de joie tout à fait charmante. Etant un peu parti, je lui
indiquai mes moyens avant qu'elle ne m'ait indiqué
ses tarifs.

— J'ai sept cents francs, déclarai-je en l'abordant.

— Ça tombe bien, moi pas, répondit-elle assez gentiment, et je la suivis.

Je passai avec Jeannine deux heures très agréables. Résigné aux interdits de Laurence, j'avais oublié l'agrément de quelques licences physiques et les retrouvai avec plaisir, y puisai même quelque réconfort : car si Laurence ne m'avait pas accordé certaines libertés, cela signifiait que je ne lui en avais pas non plus dévoilé les plaisirs... L'alcool aidant, je débordai de tendresse avec ma compagne, tendresse qu'elle supporta avec bonne humeur. Je fus désolé même de la quitter, l'amour ne m'ayant contrairement à beaucoup jamais démoralisé. Cette sombre petite chambre, sa moquette marron, ses rideaux verts ornés de gracieuses fleurs multicolores, son paravent de la même eau me semblaient, sinon plus élégants, du moins plus accueillants que le boulevard Raspail. Mais il me fallut bien partir, quitter Jeannine, retrouver ma voiture, ce qui me prit un temps infini.

Coriolan quittait son tabac à six heures, j'allai me garer devant un peu plus tôt. Il sortit à l'heure tapante et je fis ronfler le moteur de ma voiture ; j'avais posé mon chapeau sur mon œil et il leva les sourcils en se penchant à la portière :

— A quoi joues-tu ?

— Al Capone ! dis-je. Mais il faut me voir sur pied !

— Tu es fin saoul ! décréta-t-il en s'asseyant quand même à la place du mort.

Je n'étais plus vraiment saoul. Je rentrai donc avec lui au *Lion de Belfort* et bus ce qu'il fallait pour retrouver cet état béni. Coriolan riait jaune : il avait une mauvaise nouvelle à m'annoncer, disait-il, mais, devant mon refus de l'entendre, il s'était incliné et plaisantait avec moi : car c'était un vrai ami, Coriolan !

J'avais Jeannine pour amie à présent, aussi, en plus de lui, ce qui me réchauffait le cœur. Et puis le patron du café, Serge, un vrai copain ; plus le maître d'hôtel de mon beau-père, ce bon Thomas, qui, hélas, était mort ! Le souvenir de l'ode funèbre que lui avait confectionnée son ancien patron me revint à l'esprit et je la contai à Coriolan enthousiasmé. Je lui narrai ensuite les quelques sottises que, comme un petit malin, j'avais envoyées à mon beau-père avant de me laisser ruiner par lui comme un grand crétin. Et j'eus encore un franc succès, cette fois auprès de tout le café, c'est-à-dire quatre badauds peu exigeants. Aussi étais-je tout à fait réconforté à l'heure du dîner et peu enclin à rentrer chez moi. Enfin, chez elle.

— Tu sais, confiai-je à Coriolan, elle ne m'aime pas ! Elle ne m'a jamais aimé !

L'un des charmes de Coriolan était qu'il ne se laissait pas aller à des « je te l'avais bien dit ! » ; quoique vraiment, par rapport à moi, il en ait eu l'occasion plus d'une fois.

— Elle tient à toi, dit-il, c'est autre chose.

— Tu te rappelles ? commençai-je, quand...

Fort à propos, je me souvenais d'une offre qu'on m'avait faite, trois ans plus tôt, de travailler dans un journal musical, offre que j'avais dû refuser. Ça ne m'aurait pas rapporté une fortune, bien sûr, mais c'était une manière de gagner ma vie.

— Eh bien, précisai-je à Coriolan pour lui rafraîchir la mémoire, Laurence a tout fait pour que je ne puisse pas.

— Qu'a-t-elle fait ? demanda Coriolan, peu à peu prêt, l'alcool aidant, à tout entendre.

— L'appendicite ! dis-je. L'appendicite ! Au moment même où j'allais accepter ce job, elle a eu une appendicite suivie de péritonite. Je devais même dormir à la clinique. Dès que cette situation a été prise par quelqu'un d'autre, hop! elle s'est retrouvée sur pied par miracle.

J'avais eu très peur alors que Laurence ne meure. J'en avais été affreusement peiné à l'avance. Je me rappelais avoir imaginé sa mort sans le moindre soulagement, et pourtant...! A cette époque elle ne voulait pas que je travaille et elle me reprochait maintenant de ne pas l'avoir fait, c'était quand même inouï, ça!

— Et si je prenais un travail? demandai-je à la ronde.

Coriolan regardait ses mains avec minutie, l'air de penser à autre chose. Je le secouai:

— Alors?

— Oh, tu sais, il y a énormément de chômage, en ce moment, marmonna-t-il. Tu as peu de chances, sans appui, de trouver quelque chose.

— Je peux quand même essayer!

Ce n'était pas sot: que pourrait objecter Laurence, en effet, si je me levais le matin et passais la journée à travailler? Que ferait Laurence du matin au soir sans son grand jouet? D'autre part, le grand jouet nommé Vincent avait toujours eu du mal à se lever à l'aube, il ne fallait pas négliger ce détail.

— Ecoute, dit Coriolan, la mauvaise nouvelle dont je t'ai parlé: j'ai été voir «Pas un sou» avec le contrat d'impresario que tu m'avais fait; il m'a ri au nez! Vingt-cinq pour cent, c'est illégal. Il y a de quoi aller en taule, il paraît. Je ne peux même plus lui demander dix pour cent, maintenant qu'il a en main le premier. Remarque, il m'a juré de ne pas me poursuivre.

— C'est déjà ça. A propos, tu sais, je lui ai filé un coup de poing aujourd'hui, à «Pas un sou» !

Les consommateurs, que notre aparté avait éloignés un moment, resurgirent à cette phrase; je leur racontai avec un luxe de détails plus ou moins exacts mon pugilat avec le malheureux directeur de «Delta Blues». Je terminai sentimentalement:

— Et après, j'ai été voir Jeannine, pour finir la journée en beauté.

J'avais oublié à quel point la vie pouvait être distrayante dans les rues de Paris. Je m'en étais privé pendant sept ans parce que Laurence souffrait de mes absences, parce que Laurence souffrait sans son grand jouet. (Dans mon ivresse, cette expression me paraissait désopilante.) En revanche, l'échec de Coriolan ne me faisait ni chaud ni froid; au point où nous en étions, ce n'était pas vingt-cinq pour cent ou dix pour cent de mes gains qui nous rendraient la liberté, ni le luxe.

— Arrosons ça ! déclarai-je. Messieurs, je vous paye à boire.

Je ne me rappelai qu'alors avoir tout donné à Jeannine. La vie à l'extérieur était aussi ruineuse qu'amusante. Coriolan, Dieu merci, veillait; il avait gardé cinq mille francs en liquide, à tout hasard, sur l'argent d'hier. Je me frottai les mains:

— Donc, il nous reste quand même près de cent mille francs.

— Eh oui !

— Eh bien, on va les faire danser, mon vieux ! Demain, on va à Evry !

— Longchamp ! dit Coriolan sévèrement. Lundi, c'est Longchamp. (Son œil brillait.)

— Que boivent ces messieurs ? répétai-je — et

nous abandonnâmes nos brèves carrières de compositeur et d'impresario.

Je rentrai ivre. Dans le silence et l'obscurité de la maison je regagnai mon studio sans trop de heurts, sauf contre un énorme Steinway, tout neuf, qui m'y attendait. J'en fus sur le coup émerveillé, puis aussitôt après ulcéré. Malgré la beauté de l'objet, je m'interdis de l'essayer, me bornai à frôler ses touches. Demain matin je rentrerais sans frapper dans la chambre conjugale pour expliquer à Laurence la différence entre un piano désiré et un piano concédé.

Ce que je tentai de faire dès mon réveil mais elle était déjà partie. Revenu dans le studio, je passai deux heures à essayer ce piano. Toutes les musiques en sortaient magnifiées, délicates, différentes; elles se dépliaient et tombaient de mes doigts, celles de Beethoven que j'ébréchais comme celles de Fats Waller que j'allongeais, mais toutes renouvelées et toutes éblouissantes. Au bout de deux heures j'étais redevenu un homme, un jeune homme fou de musique; j'étais redevenu le gentil Vincent, j'étais enfin en accord avec moi-même. Pire: j'étais heureux, quoique contre ma volonté.

C'était bien la première fois de ma vie que je trouvais le bonheur ou le plaisir de vivre inopportuns. En sept ans j'avais perdu le goût du hasard et gagné sans doute celui de la laisse; j'avais perdu certaines qualités que j'étais sûr, pourtant, d'avoir eues, la gaieté, la confiance, la facilité à vivre — trois qualités instinctives qui avaient été remplacées peu à peu par d'autres, cultivées celles-là, et qui étaient la réserve, l'ironie et l'indifférence. Ces trois vertus me seraient utiles pour déjouer les plans de Laurence qui, elle, serait armée de ses facultés naturelles, la vanité, l'égoïsme et la mauvaise foi, toutes trois décuplées par son terrible, son violent désir de possession qui, malheureusement, n'existait pas chez moi. Je ne me connaissais qu'une envie : lui échapper ! Or je n'en avais pas les moyens... De toute façon, cette lutte serait inégale : parce que j'aurais autant de déplaisir à utiliser mes mauvaises armes qu'à constater la faiblesse, l'inutilité des bonnes ; et parce qu'un combat devient inégal dès qu'un des combattants est blessé par ses propres coups.

Le sombre fil de mes pensées fut subitement coupé par un joyeux cliquetis dans la pièce voisine ; c'était Odile qui, énergiquement et électriquement, commençait à taper son courrier, ou plutôt le mien. J'entrai :

— Bonjour ! lui dis-je gaiement. Vous savez que vous ne me devez plus aucun respect ni aucune dactylographie, ma chère Odile ? J'ai confié tous mes biens et tous mes droits à Laurence ; c'est avec elle que vous administrerez mon ex-fortune.

— Comment ? Que dites-vous ?

Odile avait une voix très précise et sonore, dure, aussi, pour un homme qui avait bu la veille. Je portai la main à mon front pendant qu'elle s'écriait :

— Mais ce n'est pas vrai ? Vous plaisantez !

Elle semblait atterrée. Je lui répondis avec solennité :

— C'est la moindre des choses, Odile, réfléchissez... Pensez à ce que j'ai pu coûter à ma femme en sept ans.

Odile rougit ; puis prenant une voix docte et professionnelle que je ne lui connaissais pas, elle brandit son crayon vers moi :

— Sur le plan personnel, j'ignore ce que vous

devez à Laurence, mais sur un plan purement maté-
riel, si vraiment vous avez gagné un million de dollars,
comme elle me l'a dit...

— C'est vrai, convins-je avec affliction. Eh oui, un
million de dollars !

— Eh bien, cela signifie que vous lui rembourse-
riez environ soixante-dix mille francs par mois. Or,
vous n'avez jamais coûté autant à Laurence.

— Pardon ?

Pour la première fois, elle semblait pleine d'assurance et de sagesse.

— Voilà. Réfléchissons et mettons le dollar à six
francs : votre million de dollars vous fait donc six
millions de nouveaux francs. Si je divise cette somme
par sept pour vos sept ans, cela vous fait plus de huit
cent cinquante mille francs par an ; qui, divisés par
douze, donnent à peu près soixante-dix mille francs
pas mois ! Or, je ne crois pas que vous les ayez jamais
dépensés, ou même que Laurence les ait jamais
dépensés pour vos frais mensuels. Loin de là.

J'éclatai de rire ; je m'attendais à tout sauf à ça.

— Je n'y avais pas pensé, mais c'est vrai. Combien
croyez-vous que j'aie pu coûter à Laurence tous les
mois ? A peu près, bien sûr.

— Beaucoup moins. Mais beaucoup moins ! se
récria-t-elle avec sérieux. Voulez-vous que nous
fassions une estimation ?

Et elle attrapait obligeamment sa calculatrice
quand je l'interrompis d'un geste :

— Non, je plaisantais ! Vraiment je plaisantais ! En
tout cas, je suis ravi, Odile ! Cela prouve qu'en plus
d'un mariage heureux, Laurence aura fait une affaire
intéressante ! Et tant mieux ! Pour une fois que je
représente un bon investissement...

Odile baissait la tête, partagée à présent, semblait-il, entre la gêne et la crainte.

— Je vous ai dit ça, Vincent, par amitié... pour...

— C'est très gentil, ma petite Odile, et je vous en remercie mille fois. Je n'en parlerai pas à Laurence, bien entendu. Au pire, si cela devait arriver, je lui raconterai que ces calculs, c'est moi qui les ai faits.

Il y eut un silence ; puis elle se décida :

— Vous savez, Vincent, je voudrais vous dire... Laurence est comme toutes les femmes ; elle préférerait un cadeau choisi par vous à un compte ouvert, sèchement, dans une banque ! Toutes les femmes sont pareilles, là-dessus, je peux vous l'assurer !

— Non, pas la mienne ! Pas Laurence ! J'ai épousé un être rare, rectifiai-je, espérant, avec altruisme, que dans leur majorité, les épouses nourricières chérissent et entretiennent leurs mâles démunis, sans pour autant les ligoter au foyer.

— Pourquoi n'avez-vous pas eu d'enfant ? demanda Odile au moment où je passais la porte.

Je ne lui répondis pas. La veille encore, j'aurais hésité à lui dire « Nous y pensons » ; mais nous n'y pensions pas. Nous n'y avions jamais pensé. Ou plutôt, Laurence avait dû y penser toute seule et décider qu'elle ne voulait pas d'un autre jouet, même très petit ; le grand lui suffisait. Elle avait dû craindre que le petit jouet fût charmant et que le grand jouet, alors, détournât les yeux un instant de sa belle personne. Et puis sans doute, dans sa famille, ne faisait-on pas d'enfants avec les pauvres ; il y avait des limites à tout, et même à la mésalliance. Dans certains cas, les enfants, on s'en passait.

J'étais encore poursuivi par les calculs d'Odile, mesquins, mais sûrement justes ; Laurence avait fait en m'épousant une bonne affaire, bien que périlleuse, pourtant, au premier coup d'œil. Si on y pensait mathématiquement, il était vrai que je mangeais peu, que j'étais plutôt sobre, mince, facile à habiller. Bien sûr il y avait eu des achats onéreux, comme la voiture, les boutons de manchette en or (quatre paires qui avaient dû chiffrer); il y avait même eu l'appareil de photo, à présent démodé mais opérationnel. Voilà tout... et ce n'était pas l'argent de poche qui remettrait la balance de son côté. «Quelle horreur! me dis-je. Quelle horreur que ces calculs, fût-ce en plaisantant! Quel mauvais goût! A quoi bon...» Même si c'était sa faute, même si Laurence était responsable de tout ça, je refusais de me vautrer dans ces médiocrités. Il fallait en finir avec cet appartement trop petit, avec cette chambre où son amour m'avait si souvent fait suffoquer, avec toutes ces pièces où j'avais vécu entouré de visages et de volets également clos. Ah, j'avais été bien seul ici, finalement, pendant sept ans. Seul, si seul! Sans un rire partagé, sans une pensée semblable. Nous n'avions proféré ensemble que des cris de plaisir, et encore — jamais au même moment... Je me cognai la tête contre un mur pour me punir, pour arrêter cette voix acerbe et sordide en moi qui parlait et pensait à ma place, une voix inécoutable mais irrépressible.

En me réveillant un peu plus tard, je m'aperçus en même temps qu'il était midi et que j'avais oublié d'inclure ma montre dans cet inventaire précédent (une montre de la place Vendôme pourtant. Quel ingrat!). Donc il était midi, j'irais aux courses vers trois heures, je rentrerais vers sept. De nouveau «il était une heure» quelconque. Les heures revenaient alors que pendant sept ans elles avaient disparu. Cette longue étendue de temps partagée avec Laurence et qui ne s'épelait pas — un temps mort — se recomposait en horaire et mon intérêt retrouvé pour l'angle de ces deux aiguilles me parut un signe de résurrection. Le temps ou la vie avait filé sept ans comme un rêve un peu cauchemardeux.

A la radio d'Odile passait le thème d'*Averses*, une fois de plus, mais je me rappelai qu'il ne m'appartenait plus, que c'était un air de Xavier Bonnat que j'aurais signé et détérioré à ma guise... Ah oui! ce cher Xavier aurait mon poing sur la figure la prochaine fois que je le verrais. Sûrement. Cette perspective me réjouit jusqu'au moment où je pris conscience qu'elle supposait mon retour chez Laurence; je ne pouvais quand même pas y rester après ce qu'elle avait fait, quand même! Malheureusement, les «quand même» n'avaient jamais eu beaucoup de poids sur mon esprit ni d'influence sur mes actes: j'avais «quand même» passé mon bachot, j'avais «quand même» été reçu au Conservatoire de Musique, Laurence m'avait «quand même» épousé. Mais tous ces «quand même» provenaient des autres, de professeurs ou de femmes, et ressemblaient souvent à des «malgré», des «malgré Vincent!» En revanche, ce fut *quand même* moi qui endossai le costume marron d'Al Capone et qui téléphonai à Coriolan. Une heure après, nous roulions dans la voiture vers Longchamp, non sans être passés à ma banque, où nous avions pris et partagé une partie de mon capital. Nous n'étions pas peu fiers, n'ayant jamais disposé d'une telle mise.

Il faisait beau et Longchamp était aussi admirable qu'il l'avait toujours été. En sept ans, je n'avais pu y aller que trois fois: la première avec Laurence qui aimait les mondanités de l'Arc de Triomphe mais que ma disparition immédiate, pendant trois heures, avait brouillée avec les courses; la seconde, lorsque, arrachée à la mort, elle avait dû garder le lit après son appendicite, et la troisième lorsqu'elle était partie pour la Bretagne enterrer le père de son père (lequel ne supportait même pas l'énoncé de mon nom). Bref, en sept ans, je n'aurais été, grâce à et malgré cette femme, que quatre fois aux courses: a) grâce à son snobisme; b) grâce à sa maladie; c) grâce à sa parenté; et d) aujourd'hui, grâce à sa duplicité. Mais je n'avais jamais eu besoin de personne pour me précipiter dans le merveilleux et délicieux Longchamp.

Je retrouvai, bien entendu, nombre d'amis ou de relations turfistes qui m'accueillirent comme si j'étais parti la veille. Si les heures passent très vite à Longchamp, les années n'y entrent pas; on y vieillit de trois ans pendant une course mais on n'y prend plus une ride, ensuite, pendant quinze ans. De toute manière, les rides que l'on y recueille sont celles de l'excitation, de l'énervement, du désappointement, de l'enthousiasme et de l'exultation; mais ce ne sont pas des rides sérieuses; en tout cas pas celles, dévastatrices et déshonorantes, de l'ennui. Coriolan expliquait cela par le caractère irréel que prend l'argent sur ces autres planètes que sont les champs de courses, où sa recherche, sa possession ne dépendent que de quadrupèdes capricieux; où un billet de cent francs à la dernière épreuve est dix fois plus excitant que mille à la première. Où l'on parle affablement à des conseilleurs professionnels dont les tuyaux vous ont déjà fait perdre des fortunes mais auxquels on sourit, et qu'accessoirement on est même capable de suivre dans la prochaine course, ce que l'on imaginerait mal à la Bourse. Où mon beau-père enfin, s'il avait été turfiste, se fût retrouvé coude à coude avec ses maîtres d'hôtel et n'eût obtenu d'eux aucune considération, se fût même attiré un franc mépris, s'il avait eu la sottise de jouer très cher devant eux un cheval notoirement tiré.

Bref, je me retrouvais entouré de gens insouciants, libres et affectueux; j'eus l'impression que le ciel s'ouvrait et que les anges jouaient pour moi sur leurs trompettes l'hymne de la vie, la vie retrouvée, la vraie vie, la vie normale. A mon grand étonnement, et à la stupeur de Coriolan qui me regardait à cet instant-là, j'en eus brusquement les larmes aux yeux, de vraies larmes mouillées; et je dus même passer ma manche sur mon visage, fermer un œil et invectiver la garce de poussière qui s'était réfugiée dans l'autre pour ne pas me couvrir de honte. J'y parvins un peu tard, mais pendant toute la réunion Coriolan me jeta des coups d'œil de côté, inquiets et même peureux, comme à un cheval vicieux.

Après ces retrouvailles, nous montâmes à l'étage des loges où nous connaissions quelques propriétaires qui nous y accueillirent à bras ouverts. Nous y restâmes pendant deux ou trois courses, à la surprise, discrète, de nos hôtes — l'état de nos finances nous interdisant généralement plus d'une demi-heure cet étage d'où les guichets à cinquante francs étaient exclus. Cette fois-ci, grâce au premier et ultime chèque de «Pas un sou», nous paradions. Après la quatrième course, je descendis, enthousiaste et agité, au rez-de-chaussée, fis quelques rencontres; et, au pesage, m'amourachai d'une jument blonde nommée la Sanseverina, qui m'éblouit, j'ignore encore pourquoi. Sur le papier elle était à 42 contre un — mauvais signe, mais je décidai néanmoins, dans un moment de folie, de jouer dessus la forte somme. J'avais perdu, gagné, perdu, et je me retrouvai juste à flot après deux heures de travail: ce qui était vexant, plus vexant d'une certaine façon que de perdre. Quant à Coriolan, j'ignorais absolument où il en était; nous ne nous disions jamais ce que nous jouions. Ligne de conduite qui nous paraissait géniale quand l'autre perdait, et imbécile quand il gagnait, mais nous évitait les reproches et les remords, voire les regrets, qu'occasionnent toujours à la fin les paris doublés.

Ce jour-là pourtant Coriolan, que je croisai en revenant des guichets, me demanda ce que j'avais joué et, toujours à ma grande surprise, n'éclata pas d'un rire ironique quand je lui avouai avoir mis le paquet sur la Sanseverina; il se borna à hausser les sourcils et à me donner rendez-vous près des premières tribunes. Je l'y attendis paisiblement tandis que la foule se groupait et que les chevaux se rendaient au départ. La course était de 2 100 mètres et à peine le départ fut-il donné que le speaker annonca la Sanseverina en tête. Mes espoirs devaient logiquement s'arrêter là, un tocard qui partait en tête n'avait strictement aucune chance d'arriver dans la même position. Toutefois j'attendis comme tout le monde, le cou tendu vers le tournant où le peloton devait déboucher; et vite, très vite, j'entendis une espèce de bourdonnement puis de grondement, tandis que, tel un énorme frelon, les chevaux arrivaient là-bas au dernier virage. C'était un grondement très particulier, qui montait au fur et à mesure que la foule l'accompagnait de sa voix et de sa rumeur, la foule massée sur la pelouse avant l'arrivée. Grondement uniforme, indistinct, et qui s'enflait sans se dissocier jusqu'à un point précis, toujours à la même hauteur, les derniers deux cents mètres, où tout à coup il semblait que la foule n'ait plus de voix et que les chevaux n'avancent plus. Juste après, la rumeur et le grondement devenaient énormes mais distincts, les milliers de voix qui hurlaient des noms de chevaux ne couvrant plus ce martèlement frénétique de dizaines de sabots sur le sol, ce bruit millénaire, cette horde sauvage, cette charge barbare et terrifiante qui devait réveiller en nous des souvenirs de temps révolus : car l'on ne savait pas, à ce moment-là, si la foule hurlait de terreur ou d'excitation. Je tirai une cigarette de ma poche tandis qu'on annonçait la Sanseverina, toujours dans le peloton de tête mais rejointe par Patchouli. Je l'allumai tristement, cette cigarette, puis la laissai tomber quand le speaker précisa : « La Sanseverina semble résister à l'attaque de Patchouli ! » (qui était la favorite). Je fermai un instant les yeux, me livrant à une prière profane, et j'entendis, avant de le voir, le peloton qui arrivait à nous dans son fracas furieux, accentué par le cliquetis des étriers et des mors, le crissement du cuir et les jurons sourds des jockeys pliés sur leurs selles ; j'ouvris les yeux alors et je vis, flottant comme un étendard au-dessus des corps allongés, luisants de sueur, musclés, si nus, des chevaux, le tourbillon bariolé des casaques ; et tandis que le peloton passait devant moi avec ce bruit d'un tissu qu'on déchire et qu'explosait et mourait la clameur de la foule à l'arrivée, quelqu'un se mit à crier dans le haut-parleur : « La Sanseverina a gagné ! La Sanseverina a tenu bon ! La Sanseverina première !

Photo pour Patchouli et Nouméa!» Et là, pendant que ma cigarette brûlait un de mes mocassins italiens, je vécus un des plus beaux moments de mon existence, un plaisir si violent et si pur, si complet qu'il en devenait honorable. Gagné! J'avais gagné contre le monde entier! J'avais gagné contre mon beau-père, un banquier, un producteur, mon metteur en scène, ma femme et le PMU! J'étais gagnant! Et tandis que mes voisins désabusés jetaient leurs tickets par terre, je fis un saut dans les bras de Coriolan qui venait d'arriver en criant: «J'ai gagné!» «On a gagné!» croassa-t-il en me tapant dans le dos, et la surprise redoubla mon plaisir:

— Tu l'avais jouée aussi?

— Eh oui, dit-il. J'y suis même allé de cinq cents francs, moi!

— Et moi de deux mille! Mais comment as-tu joué la Sanseverina?

Nous regagnions les guichets en riant, entourés de parieurs malheureux qui nous regardaient avec ce mépris envieux qu'ont les turfistes sérieux pour les chanceux joueurs de tocards.

— Je t'avais bien dit que je la jouais, pourtant?

Coriolan eut un rire jovial:

— Je t'ai suivi dans toutes les courses, mon vieux, aujourd'hui! Je me suis dit qu'avec tout ce qui t'était arrivé, tu ne pouvais pas, en plus, perdre au jeu.

Et il éclata d'un rire convaincu sinon délicat. Mais je me moquais bien de la délicatesse; la Sanseverina était à 37 contre un: je gagnais donc soixante-quatorze mille francs, ce qui ne m'était jamais arrivé, et pour cause! J'invitai à boire la foule entière, le monde entier subitement ressuscité.

Nous revînmes ivres d'orgueil à Paris. A un feu rouge, Coriolan se tourna vers moi :

— Pour un quidam qui s'est fait piquer sept millions de francs dans sa banque hier, tu as l'air plutôt content !

Mais personne mieux que lui ne pouvait comprendre en quoi le fait de gagner soixante-dix mille francs aux courses était plus grisant que d'en avoir sept millions dans une banque.

CHAPITRE VII

Je rentrai donc triomphant à la maison, non sans avoir confié mes gains à Coriolan. Une amère mémoire me dissuadait de laisser désormais traîner mes biens «chez» Laurence. Bien sûr, l'argent des courses devait lui paraître infamant, mais j'avais payé pour savoir à quel point ses dégoûts pouvaient être absorbants.

Depuis deux jours déjà je disais «chez Laurence» avec autant d'aisance que j'avais eu autrefois de difficulté à dire «chez nous» après six mois de mariage — dont cinq en voyage de noces et un à l'hôtel. Car nous avions fait un long, un très long voyage de noces — en Italie, bien entendu. Mieux même : à Capri. Un Capri que Laurence, jusqu'alors, n'avait pas voulu connaître. «Cela va te sembler idiot, m'avait-elle confié, mais plus on m'en disait du bien, plus j'étais décidée à n'y aller qu'avec quelqu'un que j'aimerais pour de bon. Tu me trouves ridicule?

— Mais non, mais non, avais-je répondu en souriant. Au contraire...»

119

Je n'y étais jamais allé non plus, à Capri, pour de tout autres raisons. Mais je dois avouer que je trouvais à l'époque tous ces folklores réjouissants. Moi, Vincent, jeune marié, accomplissant avec sa déférente, belle et riche épousée son voyage de noces entre la Grotte Bleue, les Faraglioni, la villa d'Axel Munthe, etc., etc., pourquoi pas ? Pourquoi ne pas approfondir des lieux communs et visiter des cartes postales ? C'était aussi amusant que de les rejeter systématiquement, aussi amusant et moins snob. D'autant que mon seul voyage en Italie s'était déroulé avec une bande de semi-artistes italiens, de soi-disant écologistes rencontrés à Paris qui s'étaient révélés, en cours de route, de vrais loubards ; j'avais dû me battre avec eux pour les quitter après qu'ils eurent mis à sac une station-service : tout ça sur des motos déglinguées et sous une pluie battante ! Car il avait plu, il n'avait pas cessé de pleuvoir cette année-là sur l'Italie. Aussi avais-je admiré pendant ce voyage de noces la bonne grâce du soleil et sa complaisance envers des touristes sentimentaux et nantis.

Nous avions donc marché la main dans la main dans les ruelles de Capri. Laurence y avait acheté le seul bijou sans doute intéressant de la piazzetta : une perle noire sur une ravissante monture de platine ancienne. Et pour rien : Laurence, comme toutes ses relations, adorait faire des affaires. Et, à leur exemple, elle aurait facilement acheté un Van Gogh cent francs à un antiquaire aveugle sans le prévenir de sa valeur et encore moins la lui faire partager... Je n'avais peut-être duré tout ce temps que parce que je n'étais pas onéreux. De plus, cas exceptionnel, je m'étais complètement remboursé moi-même. Légalement, je pouvais partir. Mais alors, et mes prestations ? Mes prestations? me dira-t-on. Quelles prestations? Avec une si belle femme, et si dévouée? Comment cela, des prestations? Pouvait-on être aussi goujat? Et pourtant, pourtant, presque autant que celui de la pauvreté, c'était le souci d'avoir été volé qui m'empêchait aussi de partir. Volé non pas matériellement ni physiquement, volé autrement...

Quand je me rappelais ce voyage de noces et l'enthousiasme, la modestie, alors, de Laurence!... elle s'inquiétait tant de me plaire! Elle passait son temps à se tourmenter de sa sottise et de ses effets néfastes sur mon amour éventuel. Et bien entendu moi qui détestais déjà les rapports de force, moi qui méprisais les hommes condescendants envers leurs femmes affolées, je faisais tout pour la rassurer, ses quelques tics de langage, ses quelques réactions déplaisantes me semblant plus le fait de son milieu que de sa nature, pauvre niais que j'étais! Je lui avais prêté vingt qualités sans imaginer qu'il lui manquerait — en admettant qu'elle les eût — cette manière de les déployer qui, seule, les rend supportables; une manière qu'aucune éducation, fût-elle raffinée, ne peut enseigner. Laurence, par exemple, était intelligente mais sans esprit, dépensière sans générosité, belle sans charme, dévouée sans bonté, agitée sans entrain, envieuse sans désir. Elle était médisante sans haine, fière sans orgueil, familière sans chaleur, et susceptible sans vulnérabilité. Elle était puérile sans enfance, plaintive sans abandon, bien habillée sans élégance, et furieuse sans colère. Elle était directe sans loyauté, craintive sans angoisse, bref passionnée sans amour. Je pris un crayon et mon fameux carnet de musique dans ma voiture et y écrivis soigneusement ce que j'appellerais les «litanies de Sainte Laurence», et je me répétai toutes ces formules en les modifiant parfois, en intervertissant un adjectif ou un autre, en les trouvant chaque fois plus justes, plus aigus. Grisé par ma prose, soulagé sinon vengé, je sortis de la voiture boulevard Raspail, en claquant la portière avec le geste lent et large de ces paisibles justiciers — soudainement et justement déchaînés — des séries américaines. Je me souvenais tout à coup d'un feuilleton où un équipage de cosmonautes cavalait dans la stratosphère en l'an 3000 à bord d'une soucoupe volante et voguait entre des astres inconnus de tout être vivant (et des sentiments usés par les mêmes jusqu'à la corde). Or, Laurence avait voulu changer de série, un beau soir et à la même heure. Pourquoi, comment, avais-je accepté qu'elle m'arrache ma fusée spatiale et mes héros aux oreilles pointues, par quel despotisme m'avait-elle imposé à la place les baisers de quelques troglodytes bronzés de Los Angeles? J'étais incapable de me le rappeler. Je savais tout juste que Coriolan m'avait raconté pendant près d'un mois les épisodes suivants de mon feuilleton, jusqu'à ce que ses péripéties lui deviennent insupportables. Pourquoi Laurence n'avait-elle pas acheté un second poste de télévision? Pourquoi ne l'avais-je pas acheté moi-même? Ça, je savais pourquoi: mon argent de poche en aurait été trop lourdement grevé. Et pourquoi et comment avais-je pu me passer de chien, moi qui adorais les chiens? Et pourquoi n'avais-je plus d'amis que je puisse inviter à boire un verre à la maison? Et pourquoi, plutôt, était-ce devenu si peu ma maison, que je n'avais jamais pu y amener quelqu'un, du temps où il me restait des amis? Et pourquoi devais-je inventer des prétextes compliqués pour aller simplement me promener ? Et pourquoi le fait que je sorte s'appelait-il la quitter ? Pourquoi ne pas lui avoir dit que ses amis étaient arrogants, niais, conformistes, que deux siècles plus tôt ils eussent légitimé l'usage de la guillotine ? Comment avoir ignoré à ce point mes propres désirs et observé ses sautes d'humeur comme autant de décrets incontournables, de climats quasi météorologiques ? Pourquoi, comment, grâce à qui, malgré quoi ? Alors qu'aujourd'hui, même plus égoïste, plus lâche et plus indifférent à mon propre sort, je le comprenais mal. Aux débuts... aux débuts, comment avais-je pu laisser ma vie, mon temps, être réglementés de la sorte sans révolte, sans le moindre conflit ? Avait-elle manœuvré lentement, délibérément, comme une vraie tacticienne... ou bien, naturellement despotique, bourreau-né, s'était-elle tout bonnement laissée guider par ses inspirations ? Cela sans que je crie « Stop ! », ou plutôt, vu mon caractère, que je marmonne, une fois dans l'escalier : « Je crois que j'en ai assez. Adieu, ma chérie. » — Tout au moins comme une manœuvre.

En fait je ne me rappelais pas — et cela surtout me faisait peur — je ne me rappelais pas une seule vraie dispute, une seule grande scène, une seule colère furieuse, blanche, et donc une seule séparation de trois jours ! Je ne me rappelais pas un seul de ces coups de haine qui ponctuent la vie d'un couple heureux. Elle avait vaguement pleuré, je l'avais vaguement mouchée — au début, me semblait-il, tous les trois mois —, ensuite et récemment pas du tout. Ni larmes ni tempête chez Laurence, bien qu'elle fût houleuse comme un lac, ennuyeuse comme un lac et maintenant, comme un lac, dangereuse. Où étaient mes litanies ? « Dangereuse sans risques et agitée sans élan... » Oui, ça,

123

c'étaient deux bonnes formules et je les ajoutai aux autres. Je refermai mon carnet et l'enfouis dans ma poche machinalement : un vieux réflexe me notifia de ne pas le laisser traîner, surtout pas. Mais justement si. Il était indispensable que Laurence tombe dessus, le lise ou me laisse le lui lire. Ce gamin sournois et désobéissant en moi devait disparaître au profit d'un homme, un vrai homme. Je ricanai : depuis que j'avais dégagé, transcrit ces quelques litanies désagréables, mes pensées se moulaient sous forme de sentences... Un moi agacé et sommaire ne s'exclamait plus : « Ah, là, là, quelle garce, nom d'un chien ! Quelle garce ! » Mais à sa place la même voix acide de l'avant-veille m'affirmait : « Cette chère Laurence est un animal néfaste. Il serait temps de s'en dépêtrer, et un peu vite, mon cher. » Eh oui... « mon cher » ! Je me disais à moi-même « mon cher ! » Coriolan avait toujours prétendu qu'au lieu de composer des sonates ou des trios, j'aurais dû écrire des livres... Cher Coriolan ! Non seulement cet « au lieu de » était une locution tout à fait usurpée, sa phrase entière en outre n'était que l'expression d'une amitié aveugle ou abusée. J'aurais peut-être dû épouser une charmante petite blonde, évaporée et facile à vivre, même fauchée. Je m'imaginai traînant dans un deux-pièces avec des enfants hurleurs et une femme fanée : était-ce un destin préférable ? Serait-il plus doux que celui de ce jeune homme encore jeune, bien habillé, le front lisse de tout souci, de toute fatigue, que seuls ligotaient dans un appartement ravissant les rets d'une femme hystérique et sotte ? Serais-je plus viril si je me tuais à la tâche dans quelque usine ? En serais-je plus fier ? En mettant les choses au mieux, mon orgueil serait-il satisfait si j'enseignais le piano à des enfants morveux dans d'indistingables immeubles, tandis qu'une femme épuisée m'attendrait « chez moi » ? Je n'en étais pas sûr. Mon orgueil ne se plaçait pas là — je ne le plaçais pas là : ni dans le mérite ni dans l'effort. Je le plaçais dans le bonheur, voilà tout ! Vite dit, long à admettre : je n'étais content de moi qu'heureux.

Et aujourd'hui, étant triste, je me retrouvais donc humilié et blessé. Comme tous ceux qui fuient les coups, comme tous les déserteurs du sentiment, il me suffisait d'une petite blessure pour qu'elle s'infectât. Quoi que je puisse décider, quoi que je parvienne à faire de ma vie, il me fallait d'abord, et de toute urgence, nettoyer cette plaie, fût-ce avec des mensonges, de la bassesse, ou de la grandeur. Il me fallait tout rejeter de ce passé et de ce présent immédiat pour retrouver sinon le bonheur, du moins le souvenir, l'envie et le goût du bonheur ; si je ne le faisais pas, je ne pourrais plus, et de longtemps, penser à ce bonheur — au mien — sans y ajouter aussitôt l'adjectif « honteux ».

J'étais rentré dans l'appartement sans même ralentir le pas devant le salon, et j'avais regagné mon studio directement par le couloir de service — que je n'avais jamais tant utilisé que ces derniers jours. Jusque-là mes parcours passaient automatiquement par le salon de Laurence, son boudoir, sa chambre, les centres nerveux et affectifs de la maison. Je n'avais jamais songé auparavant à emprunter ce boyau bardé de vingt placards qui longeait une lingerie fermée, puis une cuisine déserte, avant d'arriver dans le petit hall baptisé « bureau d'Odile », sur lequel s'ouvrait mon studio — jadis ancien débarras. Un ancien débarras d'où — je m'en rendais compte avec des regrets inutiles, puisque mon état carcéral avait été une

125

question de temps et non de lieu — d'où, donc, devait partir un escalier de service actuellement condamné. En fait, ce n'étaient pas les contraintes d'un mari qui fuit sa femme, contraintes tout de suite sentimentales et pénibles, qu'il m'aurait fallu (s'il m'avait vraiment fallu un désagrément dans l'existence, ce dont je doutais obstinément), mais celles d'un jeune homme qui échappe à sa mère. La mienne avait été très bonne, un peu distante peut-être, mais je la préférais de beaucoup à une mère comme Laurence : en supposant qu'elle m'eût aimé, je serais sorti de son éducation sadique ou, et, impuissant.

A propos d'impuissance, d'ailleurs, je me posais quelques questions : Laurence n'était pas femme à se passer longtemps de mes hommages ; me croyait-elle capable de les lui présenter comme un exercice de gymnastique ? Ou, plus probablement, s'imaginait-elle une fois de plus et toujours plus à tort, s'imaginait-elle que notre querelle exciterait mes désirs ? Que la colère donnerait une ardeur supplémentaire à mes étreintes ? Croyait-elle réellement qu'un homme qu'on vient de dévaliser en reste émoustillé ? Possible, après tout ; ce ne pouvait être sa logique ou sa sentimentalité intermittente, mais plutôt sa mauvaise foi qui lui laissait entrevoir ces dénouements optimistes. J'avais même de la chance qu'elle ne m'eût pas lancé : « De quoi me parles-tu ? D'argent ? Pouah ! Fi ! Pas de vulgarité, s'il te plaît ! » J'en serais peut-être resté coi, et même impressionné. Dieu merci, Laurence était, vis-à-vis de l'argent, trop loin de toute distance, si l'on peut dire, pour que cette impudeur-là lui soit venue à l'esprit. Absence ou oubli heureux, mais normal après tout... Si vos propres arguments venaient spontanément à l'esprit de vos adversaires, il n'y aurait plus de combat. « Et le combat cessa faute de combattants », déclara le monsieur Jourdain récemment installé dans mon esprit, pendant que le locataire permanent, moi-même, se taisait, accablé.

Vide et silencieuse, la maison était funèbre après la joyeuse pagaille des courses. Curieux, à six heures ; à moins que les femmes, Laurence et Odile, ne se soient, craignant ma juste colère, blotties sous la table de la salle à manger. Epuisé par Longchamp, je fermai les yeux et faillis m'endormir ; ce fut pur hasard si j'aperçus à terre une enveloppe que j'avais dû envoyer voltiger avec le couvre-lit, adressée à « Vincent ». Je reconnus illico la belle écriture régulière et lisible de Laurence et j'hésitai avant de l'ouvrir. Et si elle m'y demandait de plier bagage, de disparaître ? J'eus un instant de panique : j'aurais été perdu, et elle le savait... je regardais donc cette lettre, sans bouger, et, tout à coup, le grotesque de ma condition, l'horreur de ma lâcheté naturelle, comme de celle que Laurence avait développée en moi, me mirent en fureur. Je déchirai son enveloppe plus que je ne l'ouvris : je n'y lus pas mon renvoi, mais une invitation, un ordre. « Vincent, écrivait-elle, n'oublie pas que ce soir nous dînons chez les Valance. Ton smoking est accroché dans la salle de bains. Réveille-moi à sept heures, s'il te plaît. Jusque-là, je dois me reposer *absolument*. »

J'en fus très agacé. D'abord parce qu'elle avait souligné « absolument », comme si mon habitude eût été de troubler son sommeil, ensuite parce qu'un dîner chez les Valance, parmi ses amis les plus huppés, était une épreuve, surtout après Longchamp. Agacé, oui, j'étais agacé par cette lettre, mais bien soulagé de n'être qu'agacé : après tout, j'aurais très bien pu ne pas me tromper sur son contenu.

CHAPITRE VIII

C'est peut-être parce qu'il se disait lui-même issu d'une vieille famille protestante et que les journaux le désignaient généralement comme une vieille figure du barreau parisien que Maître Paul Valance semblait, à soixante-douze ans, si bien conservé. Ainsi que sa femme, d'ailleurs, Mannie, de quinze ans plus jeune, avec laquelle il prétendait habiter depuis maintenant près de trente ans ; à juste titre, même si chacun d'eux paraissait invariablement stupéfait des récits que faisait l'autre de leur existence commune.

« Nous avons rencontré, la semaine dernière, à Londres, deux Anglais inculpés pour duel », racontait par exemple Valance. Et la foule s'écriait : « Non ! Ce n'est pas vrai ! », mais bien après Mannie, plus étonnée qu'eux tous. Ou : « J'ai vu cette pauvre Jacqueline X... se faire mordre par un chiot au *Plazza* », déclarait Mannie. Et pendant que la foule s'exclamait, la voix forte de son époux s'élevait au-dessus de la mêlée : « Comment ? Mordue ? Jacqueline ? Mais par qui ? » Cela, bien sûr, promettait à leur vieillesse des conversations plus inattendues et plus distrayantes que beaucoup, mais laissait imaginer aussi Mannie, plus tard, au cours d'un dîner, entendant quelqu'un dire: «Ce pauvre Valance! je l'avais vu la veille! Quelle tristesse!» Mannie s'écriant: «Pardon? Mon mari, mort? Mais de quoi?»

Les Valance n'avaient eu qu'un fils, Philibert, un enfant arriéré, qu'ils avaient tout à fait caché pendant vingt-cinq ans, au bout desquels ils l'avaient ressorti et quasiment réadopté: «Philibert a dit, Philibert a fait...» Ils en parlaient, depuis ces retrouvailles, avec une émotion et un entrain que leurs tiers trouvaient épouvantables ou comiques, selon leur caractère. Laurence, bien entendu, les croyait déchirés et les jugeait scandaleux, en tant que parents, mais je me les expliquais, pour ma part, plus aisément. L'enfance est un état charmant, béni, mais qui devient d'autant plus grotesque, voire atroce, lorsqu'elle se prolonge indûment. En revanche, si ce privilège revient un peu trop tôt, il ressemble à un passe-droit, plutôt amusant. C'est le retard qui humilie les parents, pas la précocité. Les Valance auraient été les spectateurs désespérés de la stagnation de leur fils qui, de dix ans à l'âge adulte et plus tard, n'aurait «pas encore mûri». Mais l'ayant au bout de vingt-cinq ans pratiquement oublié, ils avaient très bien supporté de le retrouver à trente-cinq ans «déjà rajeuni». Son enfance, de pathologique, était devenue psychologique. Et sans doute, pour Philibert aussi, après vingt-cinq ans de barbarie, de tristesse et de solitude, ce retour triomphal était-il délicieux. Il précipita vers moi dès mon arrivée sa pataude personne, les yeux brillants car j'étais le seul invité qui lui parlât en l'absence de ses parents. Mannie vint me prendre les mains avec encore plus d'amabilité que d'habitude et me les secoua :

— Ah, dit-elle, Vincent ! Est-ce que vous savez que Layton veut faire une photo de votre femme, de notre belle Laurence ? Il m'a assuré qu'elle avait le profil étrusque ! Vous vous rendez compte ! Bill Layton, faisant enfin un portrait de quelqu'un !

— Mais il est fou ! C'est tellement gentil ! s'exclama Laurence qui avait rougi de bonheur.

— N'êtes-vous pas surpris, mon cher Vincent ? — Mannie m'avait enfin lâché les mains. — N'êtes-vous pas surpris d'avoir une femme qui ait le profil étrusque ?

Comme je ne bronchais pas :

— Mais non, ça ne l'étonne pas. Rien ne l'étonne plus ! Rien ne le surprend plus ! dit-elle à la cantonade qui s'esclaffa de manière incompréhensible.

Je m'inclinai :

— Laurence ne cessera jamais de m'étonner, chère Mannie, rétorquai-je, et je lançai un regard vers Laurence qui détourna aussitôt le sien.

Je la voyais de profil, tendue et raide de peur. Il était curieux de penser que cette femme qui aurait supporté de moi, le même après-midi, n'importe quel mépris, craignait à ce point, deux heures plus tard, la moindre ironie publique. Il est vrai que la maison des Valance était un des rares endroits où elle « respirât à son rythme » comme elle le disait et comme j'avais toléré de le lui entendre dire longtemps, ne voyant là qu'un enthousiasme puéril et non pas, comme je l'entendais à présent, une niaiserie snobissime.

Quoi qu'il en soit, notre petit, ou gigantesque nuage conjugal, n'empêchait pas cette soirée chez les Valance d'être tout à fait charmante. L'amabilité des invités,

131

l'intérêt et la curiosité qu'ils développaient les uns pour les autres, et notamment pour moi, étaient assez rares pour me paraître reposants et même savoureux. Les Valance aimaient à prouver leur originalité par l'éclectisme de leurs invitations, qui allait d'un couple d'acteurs à la tête d'un mouvement de bienfaisance à un académicien endormi, en passant par des clients et des industriels portés sur les Beaux-Arts ; sans oublier quelques jeunes et jolies femmes qui témoignaient a posteriori de la vitalité amoureuse du maître.

Philibert, donc, briqué et pomponné, sans âge, mais tenace, vint me chercher, m'arracher à ce salon et me conduire dans le fumoir. Il me fit asseoir dans un fauteuil avec un geste de la main qui avait un petit peu de la grâce paternelle.

— Assieds-toi ! dit-il de sa voix rauque.

Plus grand que moi, il avait les yeux mats et les cheveux d'une couleur indistincte, jaunâtre ou coquille de noix. J'aurais très bien imaginé qu'il inquiétât une femme au coin d'une rue, et même qu'il la violât.

— Dis-moi, demanda-t-il, dis-moi — et il se mit à rire avec de gros sursauts —, alors ton argent, c'est vrai ? Tu as de l'argent ?

— Comment le sais-tu ? Tu veux de l'argent, toi aussi, à présent ?

— Je le sais par mes parents. Tout le monde raconte que tu as de l'argent, maintenant.

Décidément ! même cet innocent s'intéressait à ma fortune ! Que ses parents m'aient réservé un tel accueil m'étonnait moins ; et moins encore l'extraordinaire gentillesse, l'extraordinaire entrain de mes interlocuteurs depuis mon arrivée. Je n'étais plus le mari distrait de Laurence, j'étais le riche compositeur d'*Averses*, j'étais une personnalité. Et les vautours de l'argent présents ce soir allaient être rapidement éclipsés par les aigles ou les papillons du succès. J'avais jusqu'ici été considéré comme le vassal, le mari et le parasite de Laurence. Aujourd'hui, je le voyais bien, on m'intronisait suzerain, époux, responsable... ! Ils ignoraient que, déjà, je n'étais plus qu'un vague comparse, pas très éloigné de la porte... Ces regards, ces œillades pleins de considération que je recevais étaient aussi périmés que nouveaux.

— Tu viens voir ton tableau ? demandait Philibert.

Les Valance disposaient en effet d'une merveilleuse collection d'impressionnistes que le flair du mari lui avait fait acheter, disait-il, une bouchée de pain (mais dont, vu l'époque, je craignais qu'ils ne lui aient coûté beaucoup plus de bouchées de pain que de flair). Il y avait deux Manet, un Renoir, un Vuillard et, dans un coin, mon préféré : un Pissarro qui représentait un village au premier plan, derrière des collines rondes, du vert pomme des dessins d'enfant, sur lesquelles régnait la lumière douce et candide, la lumière triomphante du plein été. Une lumière qui coiffait les blés de ce tableau, les rejetait et les lissait tous du même côté. Comme elle avait crêpé les cimes des arbres, au garde-à-vous à présent sous leur crinière laquée ; comme elle avait arrêté et corrompu à coups d'éclat et d'argent une rivière pourtant pressée vers la mer ; on avait l'impression que c'était cette lumière qui avait tracé ce paysage innocent et cru, juste avant que Pissarro n'arrive, et ne le recrée tel qu'il était : immobile. Dans une immobilité aussi fausse et attirante que cette éternité qu'il semblait à la fois représenter et promettre... J'avais adoré beaucoup de tableaux dans ma vie, souvent plus subtils, plus compliqués ou plus fous que celui-là, mais ce que j'y aimais, c'était qu'il me donnait l'image du bonheur et surtout d'un bonheur accessible.

— Vous êtes venu voir votre Pissarro ?

Je me retournai. La vieille figure du barreau parisien venait d'entrer dans le fumoir et m'offrait un verre en même temps qu'un fauteuil, lui aussi d'un geste gracieux. Je m'y assis avec prudence : je commençais à me méfier des fumoirs...

— Alors mon cher Vincent ? disait Valance avec un grand sourire — et, horrifié, je me rendis compte que je n'avais pas revu leur couple depuis « mon tube » et que j'allais sûrement avoir droit à des félicitations pendant le dîner. Je levai la main :

— Nous en parlerons plus tard, si vous le voulez bien, Paul !

Il hocha la tête, débonnaire :

— Comme vous voulez ! Comme vous voulez ! Mais en attendant, s'il vous plaît toujours autant, je serais ravi de vous vendre ce petit Pissarro, car c'est un « petit » Pissarro, vous savez ! Je l'ai acheté à une vente chez Sotheby's ; il ne valait pas grand-chose. Comme vous le savez aussi, je ne ferais pas d'affaire sur votre dos...

Je lui souris en retour mais je déplorai in petto que ce ne fût pas l'un des nombreux tableaux qu'il avait achetés pour une bouchée de pain. Pas de chance, il était passé par Sotheby's ! Enfin !... Valance avait mis la main sur mon épaule en marchant :

— Non, je ne voudrais pas de votre bel argent tout neuf, mon bon ami ! (Il souriait.) Je vous considère un peu comme mon fils, vous savez.

Mais à ce moment-là, son regard tomba sur Philibert qui marchait devant nous, de guingois, et Valance ajouta très vite :

— Enfin... je vous considère comme *un* fils...

Ce qui était très habile du point de vue mondain mais abominable d'un point de vue paternel. Il en rougit, d'ailleurs, jeta autour de lui un regard inquiet, comme si on avait pu le surprendre, puis, rasséréné, me tira vers la porte.

— Venez, reprit-il, il faut passer à table. Notre dernière invitée est arrivée. Vous la connaissez ? Viviane Bellacour. Une veuve délicieuse ! ajouta-t-il tout en me pinçant légèrement le bras et en m'envoyant un coup d'œil de coquin.

C'était la première fois, depuis que je le connaissais, que Valance me faisait une allusion polissonne et je compris que, outre la respectabilité et l'intérêt, ma réussite financière m'avait donné auprès de ce cercle une virilité nouvelle. Non pas celle obscure et besogneuse — presque domestique — qu'exigeaient de ma part, vis-à-vis de Laurence, les conditions de notre mariage ; mais une masculinité acquise et qui m'arrogeait le droit, voire le devoir, de jeter autour de moi et sur leurs propres femmes des regards concupiscents. Regards qui m'eussent été interdits auparavant en tant que pauvre, regards qui auraient alors fait de moi sans que je m'en rendisse compte, tous ces sept ans, le vilain nègre de ces hommes blancs. J'aurais pu être à l'époque quasi lynché et je me félicitais a posteriori d'avoir néanmoins partagé avec eux leurs belles femmes blanches avant que le droit ne m'en soit, en même temps que la fortune, reconnu. Cela me donnerait quelques souvenirs consolants plus tard, la lumière une fois faite sur ma ruine ; car je me doutais bien qu'auprès de ces hommes, ma fortune n'aurait pas été assez longue pour leur arracher un respect durable. Ce n'était pas tout d'être avide, encore fallait-il être avare, ou, pour parler d'une manière moins grandiloquente, ce n'était pas tout d'être malin, encore fallait-il être avisé. Bref, ce n'était pas tout d'être riche, encore fallait-il le rester !

Le salon s'était rempli en notre absence : je vis d'abord deux amies de Laurence que j'avais brièvement mais très bien connues (si l'on peut appeler ainsi une brève agitation dans le noir avec une femme qui veut l'obscurité, l'anonymat, le secret, en même temps que des déclarations d'amour passionnées). Chacune d'elles était flanquée d'un homme que je reconnus aussitôt comme leur mari, avant même qu'on me les présentât. Ils se plaignaient du décalage horaire entre Paris et New York et me confièrent : « Nous voyageons beaucoup ! », pendant que je hochais la tête et marmonnais in petto : « Je sais, je sais ! Continuez donc ! » Leurs épouses, elles, avaient ce drôle d'air qu'ont les femmes dans ces cas-là, un air d'inquiétude, le jugement de leur amant sur leur mari les préoccupant plus que le jugement inverse... en général improbable. Récemment rallié au parti des maris, je fis mine d'être fort impressionné par ces deux-là.

Laurence était en grande conversation avec l'académicien, lassé de tout, apparemment, sauf de la bonne chère, car il jetait des coups d'œil anxieux et fuyants vers la porte de la salle à manger. La jeune veuve était trop blonde, trop bronzée, mais fort belle, avec cet œil trouble, un peu ivre, des femmes sevrées d'hommes depuis trop longtemps. Elle lançait des regards inquiets tantôt vers Valance, tantôt vers son fils, se disant visiblement « Trop tard, à présent, pour celui-ci ! Et trop tôt, depuis toujours, pour celui-là ! » non sans tristesse. Ce fut la raison, sans doute, pour laquelle elle me décocha une œillade brûlante, tandis que mes deux brèves et anciennes maîtresses, embrasées le même soir de nos souvenirs, me faisaient elles aussi les yeux tendres. Je passais du rôle de gigolo à celui de prince charmant, un prince charmant forcément éparpillé s'il voulait se montrer simplement courtois.

Je me retrouvai à table à la gauche de Mannie, la droite étant quand même réservée à l'Académie française.

— J'ai dû prendre Waldo à ma droite, me dit Mannie toute confuse, comme si à ses dîners je n'avais pas été jusque-là invariablement au bout de la table ou près de Philibert s'il manquait une femme.

— C'est la rançon de votre jeunesse, continua-t-elle, mais croyez-moi, c'est une faible rançon et vous n'êtes pas si mal placé, mise à part votre bonne vieille Mannie !

A ma gauche, en effet, la jeune veuve dépliait sa serviette avec de grands ongles carnivores et je vis un peu plus loin, du même côté de la table que moi, donc incapable de me surveiller, Laurence coincée entre Valance et un des maris industriels. Je glissai mes jambes sous la longue nappe qui comme d'habitude traînait par terre, et je soupirai à l'avance. Les repas des Valance ne comprenaient jamais moins de cinq plats.

— Vous savez que vous êtes mieux en réalité ! me dit tout de go la veuve, ma voisine, et je restai un instant interloqué.

— Mieux en réalité ?

— Oui, mieux que sur les photos.

— Quelles photos ?

Viviane prit l'air gêné. (La malheureuse s'appelait Viviane.)

— Je n'ai pas lu les autres journaux, s'excusa-t-elle, je parle tout juste de celui d'aujourd'hui.

Et, comme j'affichais toujours la surprise, elle me jeta un regard méfiant et s'énerva :

— Vous avez quand même lu *Le Soir* aujourd'hui ?

— Mais non, pourquoi ?

Passant par-dessus mon assiette, elle se pencha vers Mannie :

— Mannie, monsieur, enfin, mon voisin, prétend qu'il n'a pas vu le journal de ce soir !...

— C'est bien possible, dit Mannie, indulgente et rieuse, il est si distrait ! Vous ne le lui avez pas montré, Laurence ?

Elle avait un ton de reproche (comme si elle-même et son mari se racontaient toujours tout). Laurence se pencha à travers la table et me jeta un regard oblique et terne.

— Je n'ai pas eu le temps, dit-elle. Il dormait encore à huit heures...

— Mais je l'ai, moi, je l'ai gardé, moi ! psalmodia Valance jouant plaisamment et ironiquement l'exalté, assez en tout cas pour se lever et aller chercher lui-même le journal en question. Il le brandissait à son retour et me le tendit ouvert à la page qui me concernait. J'eus la surprise de me voir sur trois colonnes, assis à une terrasse de café, seul, et je mis dix bonnes secondes à reconnaître le *Fouquet's*. Le chapeau de l'article indiquait : « Le nouveau Midas de la musique trouve son inspiration à la terrasse des cafés. »

« Midas ! Midas ! » Il tombait bien, ce reporter, il était inspiré, vraiment ! Midas ou Job, je n'arrivais pas à admettre que cet individu flou, à l'expression béate et légèrement alcoolisée, me représentait. Une fois convaincu sur ce point, je cherchai aussitôt, d'instinct, la silhouette de Jeannine, à ma droite sur la photo un peu plus haut sur le trottoir, là où je l'avais vue et abordée... mais elle n'était pas là. Enfin, elle n'était pas encore arrivée et dans mon émotion je faillis regarder sur la page suivante.

— Vous vous admirez ? Vous ne vous étiez vraiment pas vu, Vincent ? fit la voix de Mannie et je relevai la tête.

Elle me souriait, attendrie, et je compris le second motif de cet accueil, l'intérêt de Valance, l'offre du Pissarro, la mémoire des femmes et les yeux complices des uns et des autres. Je venais non seulement d'accéder à la fortune, ce qui n'était pas si difficile, mais bien plus, à la notoriété. Que dis-je ? Au vedettariat !

— Non, je ne l'avais pas vu. Je ne savais vraiment pas.

Je cherchai le regard de Laurence, mais en vain. Cinq personnes nous séparaient.

— En tout cas, Laurence l'avait lu, elle ! me signala Mannie d'un air plus perfide que d'habitude. Regardez donc ce qu'elle dit ! C'est exquis... exquis...

Je me penchai et vis que le médaillon, au milieu de l'article, n'était pas la photo d'un journaliste quelconque, mais celle de Laurence elle-même. C'était une photo très réussie, d'ailleurs, qu'elle avait dû donner au journaliste en même temps que ces précieux renseignements : « C'est à la terrasse des cafés que mon mari trouve généralement ses thèmes mélodiques, nous dit la charmante Laurence, la femme du musicien devenu célèbre en si peu de temps grâce à *Averses*. Et c'est une véritable averse de dollars qui est tombée », etc. etc.

Je repliai le journal précipitamment ; je m'étais vaguement attendu à ce que le journaliste ajoutât : « C'est aussi à la terrasse des cafés, et dans les bras des prostituées, que le musicien passe ses après-midi. »

Mais non, ce reporter était un bon garçon, discret ou sinon contraint de l'être.

— Laurence, cria Mannie, votre Vincent fait l'indifférent : il n'a même pas lu son article jusqu'au bout !

« Mon article ! » C'était « mon article », à présent ! J'avais composé une petite musiquette qui les excédait sûrement déjà et qui, prétendait Xavier Bonnat, n'était même pas de moi ; j'étais un gigolo, peut-être un plagiaire, mais cela ne faisait rien : j'avais gagné beaucoup d'argent et j'avais « ma » photo dans « le » journal ; la foule ne pouvait que s'incliner.

La suite de l'article était à la mesure du début : « Marchant dans Paris... promenades pensives... sa femme attentive... la belle Laurence... depuis dix ans... marié... vingt-deux ans... une vie de travail et de secret... son Steinway... » C'était effrayant.

— C'est effrayant, dis-je à mi-voix, et je laissai glisser le journal par terre, sans rien ajouter.

— Vous devriez être plutôt content, non ? me souffla ma voisine la veuve d'une voix basse et réprobatrice.

Comme toute l'assistance, elle était confusément choquée de mon ingratitude envers la presse. Se plaindre de la renommée était bien vu, en effet, mais il fallait pour cela avoir eu un peu plus d'un article, même sur trois colonnes. Il fallait avoir trôné dans quantités de journaux et de revues pour avoir le droit de réclamer en geignant une vie privée et un peu de bon goût de la part du public.

— Je suis content d'être près de vous, un point c'est tout, dis-je avec décision.

Elle sursauta, se recula de la table, et je la désirai tout à coup énormément. Viviane était jolie, ou à peu près jolie ; complètement artificielle : de cheveux, de gestes, de teint, de corps, d'intonations, mais j'en avais envie, comme ça, pour me venger. Sauf que, d'une manière tout à fait illogique, je ne souhaitais pas que Laurence nous surprenne. Simplement il me la fallait, cette femme, avant la fin de la soirée ; pour me rassurer, pour rassurer l'homme primitif, balourd et sans finesse que tout dégoûtait brusquement un peu trop, et surtout sa propre renommée.

— Vous savez que vous devriez chanter, Viviane ! dis-je, plein d'ardeur et de conviction. Avec votre voix, quel dommage !

Et je pressai mon genou contre le sien sans la moindre équivoque, tout en la regardant fixement. Elle toussa, mit sa serviette sur son visage et le ressortit rosi sous son faux hâle (elle n'avait pas retiré sa jambe).

— Vous croyez ? s'exclama-t-elle d'une voix pointue. On me l'a déjà dit. Mais venant de vous... je dois reconnaître...

Je lui souris et me conduisis comme un soudard pendant le reste du dîner. Je me servais de ma main droite pour couper ma viande, boire mon vin et appuyer mes quelques phrases ; l'autre, sous la robe de Viviane, mettait à mal sa pudeur et ses nerfs. A un certain moment, assise au bord de sa chaise, elle arrêta net sa phrase et broncha, se pencha sur la table et s'y appuya de tout le buste, la tête penchée en avant, les yeux mi-clos, se mordant la lèvre inférieure avec une sorte de jappement inaudible. Je ne bougeai pas ; je lui lançai, comme ses autres voisins, un regard poli et surpris. Elle se reprit après quelques secondes et j'admirai la capacité des femmes à saisir au passage le plaisir le plus cru, à l'exhiber presque, tout cela avec un tel naturel. Je remis ma main sur la table, elle se redressa, ouvrit les yeux et se renfonça sur sa chaise, le regard à peine plus troublé que la voix.

— Pardon, dit-elle à l'acteur humanitaire qui se penchait vers elle et songeait peut-être à la faire profiter de son expérience médicale. Pardon ! j'ai de temps en temps une affreuse douleur au foie. Là ! ajouta-t-elle en montrant sa taille de sa main baguée.

— Là ? C'est le pancréas ! décréta-t-il d'un ton définitif.

Car bien qu'il quêtât surtout pour le cancer, sa compassion s'était petit à petit décentralisée et il n'y avait maintenant plus rien dans le corps humain qui échappât à son diagnostic ni à son charitable entrain.

— Avez-vous déjà des plans pour votre petite fortune, mon cher Vincent ? me demandait Valance de loin avec un bon sourire.

J'aperçus le visage agréablement amusé de Laurence et je souhaitai très vite qu'elle eût été une seconde sous la table cinq minutes plus tôt... Mais le plaisir de Viviane m'avait détendu, moi aussi, et je n'avais plus qu'une faible envie de me venger, une envie assez faible pour pouvoir m'y essayer calmement.

— Tiens, Laurence ne vous a rien dit ?

Valance prit l'air étonné, ses invités aussi.

— Non ? Eh bien, quelle cachottière ! Mes droits d'auteur vont directement à la banque, au nom de Laurence, l'argent passé et celui à venir. Nous avons décidé cela d'un commun accord.

— Tu veux dire que nous avons ouvert un compte commun, rectifia Laurence d'une voix froide, mais je la coupai :

— Oui, enfin tous les chèques sont déjà signés de mon nom, comme vous pouvez le penser, et dans son sac. De quel droit garderais-je un centime pour moi après tout ce temps ? Vous êtes bien placé pour savoir tout ce que je dois à ma femme, dis-je dans une envolée. Et, saisissant la main de Mannie inerte comme elle, je l'embrassai avec dévotion.

Mais ses doigts restaient immobiles et glacés sous ma bouche. Il y eut un instant d'ébahissement puis de pitié : décidément, inconnu ou célèbre, ce garçon était un crétin.

— Je sais, je sais, ça paraît un peu poussé, repris-je, gaillard. Après tout, un million de dollars... Même si Laurence m'a affreusement gâté pendant sept ans, je ne lui ai quand même pas coûté sept millions anciens par mois. Loin de là ! N'exagérons pas. N'est-ce pas, ma chérie ?

Et je me mis à rire tendrement. Le silence des invités s'était fait total et plus que pesant. Bien qu'ils l'aient tous exécuté mentalement, mon calcul leur paraissait le comble du mauvais goût et de la bizarrerie. Depuis quand un gigolo remboursait-il sa maîtresse (ou sa femme) ? Et depuis quand s'inquiétait-il de l'écart entre ses dettes et leur remboursement ? Personne ne se retrouvait vraiment dans mes intentions.

— Non, non, non, jamais ce prix-là, je le jure, assurai-je, et j'adressai un regard alourdi de sagesse et de fierté à Laurence qui restait stoïque, un sourire crispé aux lèvres, sur sa chaise.

— Non, bien sûr, convint-elle d'une voix basse, mais sans me regarder.

Y avait-elle même pensé ? Ou Odile était-elle la seule à avoir un petit peu le sens des chiffres dans notre doux nid du boulevard Raspail ?

— Mais il y a autre chose ! *Averses*, vous le savez, cet air du film *Averses*, j'espère que vous le connaissez ?...

— Parfaitement, oui, oui ! Parfaitement, dit l'académicien brusquement réveillé et qui me fixait d'un œil fasciné derrière ses lunettes.

— Eh bien *Averses*, je peux vous le dire, c'est Laurence qui en a écrit la moitié !

Nouveau silence. Laurence leva la main :

— Non, souffla-t-elle, non !...

Mais j'élevai la voix :

— Si, si ! Je pianotais et je cherchais ; j'avais juste les deux premières notes, l'accord quoi, oui : do-ré, do-ré, et alors, qui est venu et qui a chanté dans l'élan toute la suite, fa-si-la-sol-la-do-ré, enfin je me trompe, la-do-fa-ré ? (Je m'y connais en fait assez mal en solfège, malgré tout ce que peut raconter Laurence...) Non, sans elle, pas d'*Averses*, pas de musique de film, pas de dollars !

Et comme Valance me regardait, incrédule, j'achevai :

— Devinez le premier cadeau que m'a fait Laurence avec notre argent — *son* argent maintenant ? — un piano Steinway, immense ! J'en avais rêvé toute ma vie.

Et m'arrêtant là, je promenai sur tous les convives un regard triomphant que Philibert fut le seul à me renvoyer. Avec un soupir je me penchai sur ma crème vanille ; j'avais toujours adoré la crème vanille et j'étais content que Mannie s'en fût souvenue. Je le lui dis. Elle hocha la tête lentement, d'un air plus agacé que réjoui de mes compliments, et se leva très vite, donnant, après tout ce silence, le signal d'un joyeux brouhaha. J'eus à peine le temps de terminer mon dessert, encore moins de le savourer.

CHAPITRE IX

J'allumai la radio dans la voiture au retour, machinalement, pour rompre le silence. J'avais fini par boire de nombreux cognacs avec le mari d'une de mes provisoires maîtresses, un beau type, lequel s'était révélé, pour un homme d'affaires, très sympathique. A se demander pourquoi sa femme l'avait trompé avec moi... Toujours est-il que nous avions décidé de nous revoir et qu'après quelques pieux et fumeux projets sportifs nous étions convenus d'une partie de 421 dans un bar de la Madeleine. Décidément j'aurais connu, pendant cette soirée, les émotions les plus disparates ; après celles de l'esthétique et du vedettariat, celles de l'érotisme et de la comédie, j'aurais aussi goûté les plaisirs du ridicule, celui de se sentir et de se rendre ridicule, et je dois dire qu'il n'était pas des moindres. Maintenant en outre je connaissais les agréments de l'estime masculine.

Il était évident, à voir le profil de Laurence, que sa soirée n'avait pas été aussi riche que la mienne. J'avais donc allumé la radio, mais ce fut pour tomber, après

145

du bon jazz, sur le début d'*Averses* joué par un saxophone qui y introduisait des variations superbes. Tout à coup je me sentis fier de moi : ma musique était inventive, déliée, une pure musique ; elle allait de soi mais sans la moindre facilité et je m'étonnais, un peu tard, de l'avoir laissée attribuer à quelqu'un d'autre. Même si ses fruits allaient ailleurs, elle m'appartenait, elle était la seule chose qui m'appartînt réellement et qui n'appartînt qu'à moi : puisque sortie de ma tête, de mes rêveries, de ma mémoire et de mon imagination musicale. Personne n'y pourrait rien changer. Seulement son arrivée sur les ondes, ce soir, tombait mal — comme si je m'étais livré vis-à-vis de Laurence à une provocation (et comme si j'étais le responsable des programmes de Radio-Musique). De Laurence à Coriolan qui devait maudire ma bêtise chaque fois qu'il tombait sur *Averses* entre les résultats de la première et de la deuxième course, je n'étais pas entouré d'une « claque » chaleureuse.

Je m'inquiétais au sujet de Coriolan. Comment l'aider à vivre maintenant ou plus tard, nos soixante-dix mille francs une fois éparpillés à Longchamp ou ailleurs ? Les champs de courses étaient pourtant bien parmi les seuls endroits où l'on pouvait claquer l'argent le plus agréablement possible, voire le faire fructifier, comme je l'avais prouvé cet après-midi. Par malheur, autant j'avais été sûr de gagner en y arrivant aujourd'hui, autant j'étais sûr de tout perdre finalement, n'importe où, un jour ou l'autre. J'étais un joueur de bon sens, comme beaucoup, contrairement à l'opinion de ces étranges tribus qui ne jouent pas ; et dont le conformisme imagine invariablement le joueur devant un gazon hippique ou un tapis vert, tel un naufragé volontaire à mille lieues de la terre ferme.

En quoi ces sages infirmes se trompent, car personne n'est au départ aussi sévère et inquiet sur lui-même qu'un vrai joueur, tant il se sent en danger. Au début seulement, car la terre ferme lui apparaît de plus en plus détachée de tout vrai continent, comme la vie quotidienne de toute douceur ; jusqu'au jour où, par un retournement compréhensible, la seule terre ferme fiable, puisque la seule incertaine, se trouve placée sous les pieds d'un cheval, et la vraie vie sous les jetons d'un casino, rien ne s'étant révélé finalement plus ardu et plus féroce que la vie quotidienne. Enfin, et pour terminer le panégyrique de ce vice, rien n'est plus vif et plus franc que les couleurs des casaques ou celles des jetons, rien n'est plus varié qu'un champ de courses en plein air ou la salle enfumée d'un tripot, rien n'est plus léger que le pas d'un pur-sang ou le jeton du million ; de même, pour vous annoncer votre triomphe ou votre ruine, rien n'est plus décent que deux cartes à retourner. J'eus envie de jouer tout à coup comme j'avais eu envie de cette Viviane tout à l'heure : d'une manière irrésistible. Je sentais mon cœur battre au ralenti sous les à-coups d'un sang pesant mais agité, un sang despotique que je ne reconnaissais plus comme le mien, à force peut-être de le couper d'eau et d'ennui.

— Arrête-toi là, dis-je, s'il te plaît !

Laurence freina si brusquement que je me heurtai le front au pare-brise.

— J'ai envie de jouer, ajoutai-je. Tu vois ? Là-haut. Juste là-haut.

Et je désignai du menton l'étage où, je le savais, m'attendaient des tables et des cartes. Mais devant son visage crispé, j'eus pitié d'elle et je lui dis :

— Viens. Viens si tu veux. Viens, c'est amusant.

Elle ne répondit pas, ne bougea pas, comme pétrifiée par mon ardeur. Je descendis, claquai la portière et fis le tour de la voiture. Le trottoir me dansait sous les pieds. Je me penchai à la vitre.

— Rentre doucement ! Je serai là tôt.

Du trottoir je la vis, toujours prudente, essayer les codes, les lanternes, les allumer, les éteindre, une fois ou deux, puis démarrer et s'éloigner sans un mot ni un regard. Avant qu'elle n'ait disparu, j'avais fait demi-tour et bondi vers le cercle.

Je ne raconterai pas par le menu les péripéties de la nuit : disons qu'elles furent grandioses. On me prêta tout ce que je voulais contre le chèque de banque du cercle, et, j'imagine, grâce à ce fameux article. Pendant cinq heures je perdis des sommes effrayantes qu'à l'aube je regagnai presque. Je repartis donc à pied dans le petit matin, sans un sou mais au comble de la fierté et du bonheur. J'avais failli perdre une fortune mais je n'avais pas succombé au pessimisme, j'étais reparti au combat et je m'en étais tiré au mieux. J'étais fier de moi, en proie à une exultation que personne, sauf un joueur, n'aurait pu comprendre. Il fallait pour cela savoir que le compte d'un joueur ne se fait pas au présent de l'indicatif mais au futur du conditionnel, et que ce n'était pas « j'ai perdu tant... » qui me venait à l'esprit mais « j'aurais pu perdre tant... », les conjugaisons optimistes du jeu n'étant pas les moindres de ses charmes.

Je rentrai donc à pied de l'Opéra au Lion de Belfort. Dans cette aube tardive, des bancs de brouillard se glissaient encore sous les ponts, silencieusement, comme des voyous. Et Paris semblait une femme assoupie, imprudente et belle. Il n'y avait pas au monde une ville plus belle ni un homme plus heureux que nous.

C'est à sept heures ou presque que j'arrivai en haut du boulevard Raspail, à la maison — ce que j'essayais d'appeler la maison, même si à l'intérieur il y avait déjà une chambre qui n'était plus la mienne ; pourtant, peut-être aurais-je quand même l'impression d'une intrusion illégale si Laurence touchait à mon vieux studio. Comme chaque fois que je quittais une maison, ce ne serait pas les pièces privées que je regretterais le plus. D'abord, le sentiment d'être chez moi, je ne l'avais eu que chez mes parents, dans la maison où j'avais passé dix-huit ans — chez nous, c'est-à-dire chez eux et chez moi en même temps. Lors de l'enterrement de mon père, mort le dernier, j'avais doublement pleuré, et lui et notre maison de la rue Doublet qui allait appartenir à d'autres. Mais j'avais éprouvé partout cette sensation d'être de passage ; sauf dans une chambre d'hôtel où j'avais vécu six ans et que j'avais vue avec stupeur et horreur occupée par un autre que moi en y retournant. Aujourd'hui je m'interrogeais sur cet appartement où je m'étais senti, sinon chez moi, du moins locataire à vie. Si cela tournait mal, je ne pourrais jamais plus passer boulevard Raspail sans une sensation d'exil ou d'erreur, je le savais déjà. Cela dit, c'était bien ma faute, c'était bien fait pour moi ; il ne m'aurait pas fallu oublier que l'on n'est jamais chez soi nulle part ; et qu'entre un immeuble en pierre de taille et un de ces oiseaux mortels que nous sommes, les rapports ne peuvent être que de force, et de force inégale. La férocité de l'argent est plus péremptoire dans l'immobilier qu'ailleurs : ou l'on possède ou l'on reste près de la porte.

Je pris mon petit déjeuner au *Lion de Belfort* à peine ouvert ; et je regardai avec une terreur respectueuse ces hommes debout devant le bar, mal réveillés et pressés, qui partaient au travail pour la journée, ces hommes, enfin, qui menaient une vie normale. Ma gaieté tomba : en six mois j'avais écrit un tube, gagné puis perdu une fortune et j'étais au bord de me faire jeter dehors par ma femme. Qu'allais-je devenir ? Cette question, enterrée depuis sept ans, se posait autrement plus sec qu'à cette époque. J'avais beau la rejeter à toute heure du jour à force d'insouciance, je ne pouvais empêcher par moments ma raison de me crier aux oreilles : « Que va-t-il t'arriver ? Comment vas-tu vivre ? Où ? Que sais-tu faire ? Que peux-tu faire ? Comment supporteras-tu le travail et la vie dure ? » Aussi est-ce avec quelque angoisse que je regagnai l'appartement. Je passai devant la chambre de Laurence dans l'état d'esprit d'un locataire impécunieux ; je marchais sur la pointe des pieds et respirais doucement, comme lorsque je devais quelques semaines à la propriétaire de mon hôtel au Quartier Latin.

Une fois couché, j'hésitai à refaire le « point ». Outre que cela ne me réussissait pas, j'en devinais déjà le résultat : si je réfléchissais longuement et minutieusement, si je dressais un tableau de mes torts, de mes raisons, de ceux de Laurence, le bilan logique de nos actes, j'en sortirais sûrement dans le beau rôle. Mais si c'était une question de sentiment, je ne serais, je le savais, que le froid vainqueur.

Il était inutile et vain de résumer, de composer et de conclure : sinon que je ne me sentais pas, que je ne m'étais jamais senti coupable depuis le début des hostilités, de rien, sauf de légèreté. L'acte d'accusation contre Laurence pesait plus lourd, démontrait au moins un facteur de préméditation qui n'existait pas dans mon dossier.

Dans le noir, dans mon lit étroit, incapable de dormir, j'allumai la radio. Je tombai sur le septuor de Beethoven qui me lava l'esprit de tout et me laissa à la fin vulnérable, adolescent, au bord des larmes. J'avais eu tort d'écouter cette musique, elle contenait tout ce qu'on voudrait connaître de l'amour : une douceur attentive, une gaieté passionnée, la tendresse surtout, et cette inflexible confiance ; tout ce que l'on n'avait jamais eu et dont on n'aurait jamais que des leurres, des simulacres, le plus souvent confectionnés péniblement par nous-mêmes, le plus souvent aussi à contre-temps. Cet amour-là dont on ne pouvait prétendre avoir une grande expérience que dans la mesure où on y avait cru plus longtemps, où on en avait plus souffert, où on y avait apporté plus de confiance et de vulnérabilité que l'autre ; cet amour enfin, qu'il était si honteux de n'avoir pas éprouvé et si désespérant de n'avoir pas provoqué. L'amour, quoi... qui n'avait rien à voir avec la comédie pénible à moi menée par Laurence. C'est cet amour-là qui, raconté dans la nuit, entre autres par un basson, une clarinette et un violoncelle me rendait sentimental et faible et triste.

Le jour se levait, le jour était là, et moi je veillais. Sans panache, sans insolence et sans insouciance, je me retrouvais face à moi-même, un pauvre type qui avait cru échapper à la société et que finalement la société, de même que sa propre femme, méprisait, un pauvre type qui allait finir dans le ruisseau, réduit à un seul ami — d'ailleurs alcoolique —, un type qui avait eu deux coups de chance, n'en avait pas profité,

151

se retrouvait maintenant promis au pire pour lui, c'est-à-dire à la pauvreté et à l'humiliation. J'étais sur mon lit, épuisé, désarmé et, croyais-je, lucide. Comme tout le monde et comme toujours, je me sentais aussi lucide dans mon pessimisme que je me méfiais de moi quand j'étais heureux. Je savais bien pourtant que le pire n'était pas sûr, que, simplement, il paraissait sûr. Mais cette nuit-là je ne me rappelais plus rien de ces intelligents adages. Je versai avec facilité dans le désespoir et la mauvaise conscience — d'autant plus que ces crises étaient chez moi si éparses que leur rareté même leur donnait une aura de véracité.

Pourtant, et je le savais bien, à l'origine de mon désespoir il y avait d'abord moi, un moi manquant de force, de confiance, de légèreté, un moi infantile, pusillanime et médiocre, auquel finalement j'en voulais beaucoup plus qu'à l'existence elle-même, puisque c'était un autre moi qui me rendait, d'habitude, l'existence si charmante.

Je ne m'endormis que dans les premiers rayons du soleil.

Je me réveillai avec des sourcils et une mâchoire en bois, ce qui me rappela aussitôt les cognacs de la veille et me laissa une vague culpabilité. Une vague inquiétude aussi, comme si Laurence avait encore le droit de me punir. Curieusement, je n'arrivais pas à imaginer ma vie sans sanctions de sa part. Pire, j'en ressentais une sorte de nostalgie. Peut-être mon équilibre résidait-il dans le déséquilibre entre la violence de ses sentiments et le flou des miens. Peut-être aussi lui en voulais-je moins d'être devenue un excès et un danger que de ne plus être une demi-mesure et une sécurité. Plus simplement, je n'arrivais pas à penser qu'elle voulût à ce point ma présence, une présence sans aucun attachement de ma part. Quoi qu'il en soit ce matin-là je me sentais dolent et rêvais d'entente cordiale. Je ne pourrais pas vivre longtemps dans ces sarcasmes, ces allusions et cette rancune, je ne pourrais pas supporter ce climat-là. Je me levai, m'habillai rapidement, jouai quelques notes sur le piano, plaquai deux, trois accords plusieurs fois pour me détendre et finalement téléphonai à Coriolan au café. Il y était; probablement en train de relater nos courses car j'entendais sa voix dans le téléphone retentir d'intonations héroïques.

— Je suis en retard. — Il riait et je compris qu'il était ivre.

— Viens! dis-je brusquement. Viens! Je t'ai parlé du Steinway, je ne te l'ai même pas fait entendre. En plus, j'ai plein de choses à te raconter.

Il y eut un silence.

— Mais... mais Laurence?

— Qu'est-ce que ça peut faire? Au point où j'en suis! Et puis elle est sortie, ajoutai-je vaillamment. — Et j'entendis à son souffle que cela allégeait aussi ses réticences.

Cinq minutes plus tard, nous étions dans mon studio et Odile, enchantée de cet imprévu, la pauvre innocente, nous faisait du café pendant que le Steinway résonnait de nos accords.

— Quelle sonorité! — Coriolan était ébloui. — Tout est irrémédiable avec ce piano. Qu'est-ce que tu joues, là, par exemple?

— Ce n'est rien, dis-je, c'est deux accords. C'est le Steinway qui leur donne une allure d'ouverture.

— Tu vas l'emmener avec toi ?

— Ça dépend où nous logerons. On ne pourra plus partir à la cloche de bois avec lui.

Coriolan hennit de joie à cette idée et Odile, qui regardait jusque-là son noble profil avec admiration, sursauta en voyant ces grandes dents et ce visage jovial. Elle renversa un peu de café sur le sol, poussa des cris d'orfraie et alla chercher une serpillière à la cuisine.

— Combien de coups de knout recevez-vous dans ces cas-là ? s'enquit Coriolan avec compassion. Que faites-vous sur le sol, à éponger comme une esclave ? Une belle plante comme vous, Odile, voyons ! La tzarine n'est déjà pas facile, j'imagine, et en plus, avec le départ du favori, ça va être épouvantable !

Odile hochait la tête ; elle paraissait aussi convaincue que Coriolan de mon départ imminent, et je m'en effrayai. Ils allaient bien vite !

— Rassurez-vous, ma petite Odile, je n'ai pas dit mon dernier mot !

J'avais pris une voix mâle, mais je les vis baisser les yeux tous les deux et je réagis. Il fallait que je parte, ils avaient sûrement raison. Tout de suite. La question n'était d'ailleurs pas « quand » mais « où » partir ? Et encore, ce n'était pas l'absence de destination qui m'inquiétait, mais l'idée de faire mes bagages.

— Et ce dernier mot sera vite dit ! ajoutai-je avec fermeté comme pour achever la phrase précédente. « Adieu ! » J'aurai vite fait !

Leur expression soulagée m'accabla. Dans quelle histoire ne m'étais-je pas lancé ! Bien sûr il était hors de question que je pardonne à Laurence tout ce qu'elle m'avait fait : prendre mon argent, m'humilier, me traiter en domestique, me ridiculiser, que sais-je...

Le flou de toutes mes réactions m'inquiétait cependant, comme le signe d'une fierté défaillante. Je ne devais pas prendre ça calmement, je le sentais bien. D'ailleurs, hier encore, j'avais fait feu des quatre fers chez les Valance. Je n'avais qu'à attendre un moment, un vent de colère allait sûrement me soulever d'un instant à l'autre. Je m'exhortais à la fureur mais ma gueule de bois de la veille m'opposait une sourde et forte résistance. J'eus un mouvement d'humeur envers Coriolan et Odile, et tous leurs proches. Pourquoi étaient-ils si pressés, si exigeants ? A les écouter, j'aurais toujours eu, ou dû avoir une conduite exemplaire, nette : de ces conduites qui empoisonnent et brisent votre existence. Quoi qu'il arrive, je me refusais à me mépriser moi-même ; je me refusais à rejoindre la triste foule grandissante et variée de ceux qui ne voyaient en moi qu'un parasite ou un crétin. S'il n'y avait plus qu'un être sur cette terre à m'apprécier, je serais celui-là !

Déjà sept ans plus tôt, à en croire le père de Laurence, je n'étais pas digne d'elle. Moi, à l'époque, je savais qu'un homme ne devenait pas automatiquement digne d'une femme dès l'instant qu'il lui faisait convenablement l'amour. Mais je savais aussi à présent qu'une femme qui entretenait convenablement un homme n'en devenait pas non plus automatiquement digne. Seulement, Laurence, elle, ignorait cet axiome-là, ou faisait semblant. La question était pourtant là, et c'était la première, les autres n'étant que des corollaires. Que j'aie failli me libérer en était un. Qu'elle m'en ait empêché, un second. Et que je doive le prendre mal, un troisième.

Quelles que soient les réponses, je continuais à être traversé régulièrement par la conviction, la certitude même qu'il me suffirait de prendre Laurence sur mes genoux et de lui flanquer une fessée pour remettre «notre ménage» d'aplomb. Peut-être n'était-ce pas vrai. Peut-être cette intuition était-elle stupide et déshonorante, elle aussi. Qu'en savais-je ? Et puis que savais-je de la vie? Rien. De moins en moins de choses. Rien. De plus en plus rien. Toute la vie était floue, assommante et dérisoire. Tout m'ennuyait; je n'avais qu'une envie: dormir, prendre une aspirine et dormir... Et l'on me demandait de changer de vie — ce dont à la rigueur j'étais capable — mais si, pour cela, il me fallait faire mes bagages, alors là... ça m'était complètement impossible.

— Dis-moi, s'enquit Coriolan, il n'y a rien à boire dans ton salon Napoléon III?

Ayant sagement siroté son café, il se sentait légalement autorisé à continuer son périple alcoolique.

— Pourquoi dis-tu ça? demandai-je.

— Parce que ton mobiler est Napoléon III, mon bon. Tu l'ignorais? Tu aurais pu jeter un coup d'œil, quand même, en sept ans! C'est ta femme qui s'est occupée du salon, bien entendu? De la dé-co-ra-tion! dit-il en séparant bien les syllabes.

Tout en parlant, nous étions arrivés dans le fameux salon et j'ouvris le bar, en tirai une bouteille et deux verres. Coriolan s'était assis sur le canapé qui en avait grincé, et souriait déjà à la bouteille. C'est à ce moment-là que nous entendîmes un coup de sonnette et la voix d'Odile dans le hall.

— Monsieur Chatel! disait-elle très haut pour nous prévenir, Monsieur Chatel! Quelle bonne surprise!

Et mon beau-père arrivait, pour tout arranger! Je posai précipitamment mon verre plein dans la main de

Coriolan et m'assis en face de lui, les genoux serrés comme un écolier. Un écolier voleur. Ce qui prouvait bien que je ne m'étais jamais senti chez moi, dans cette maison, que je n'y avais jamais disposé de mes esprits.

— Ma fille n'est pas là ? disait la voix tonnante de mon escroc de beau-père.

Je me rappelai soudain qu'il m'avait dérobé tous mes biens et en pris quelque courage. Mais déjà il entrait dans la pièce comme un taureau furieux, me jetait un coup d'œil négligent — qui m'ulcéra — et dévisageait Coriolan confortablement installé.

— Monsieur ?...

— Señor ! dit Coriolan en se levant et en dépliant par la même occasion ses 198 centimètres couverts, je le remarquais enfin, d'un opulent costume de deuil. — Je lui avais en effet offert pour mon mariage un complet noir qu'il n'avait mis, en dehors de cette circonstance, que deux fois, pour la mort de son quincaillier et pour une cérémonie étrange à l'Ecole des Beaux-Arts. Il faisait fort bon effet, remarquai-je aussi, en même temps que mon beau-père qui lui adressa un petit salut presque respectueux.

— Monsieur Chatel, el señor Latello ! dis-je en doublant les « L » et en accentuant le « O » de la famille Latelot, déménageurs de père en fils dans le 14e arrondissement — Monsieur Chatel est le père de ma femme, spécifiai-je à Coriolan, et monsieur Latello est le plénipotentiaire de la maison Gramophono, à Madrid, pour mes droits de chanson.

— Monsieur ! dit mon beau-père, l'œil vif à l'idée d'une affaire proche.

— Señor ! dit Coriolan, et il avança d'un pas mais mon beau-père ne recula pas.

J'admirai son courage sous sa brutalité. J'aurais pu

157

craindre qu'il ne reconnût en Coriolan le triste ivrogne coureur de soubrette qui avait porté le scandale dans les noces de sa fille, mais il n'avait fait alors qu'entrevoir dans l'obscurité, et allongé, un individu éméché, dépeigné, chiffonné, hilare de surcroît, à mille lieues du gentleman espagnol assis sur le canapé du boulevard Raspail.

— El padre de la señora Laurens?

Coriolan prit la main de mon beau-père et la retint entre les siennes.

— Si, marmonna le malheureux, si! Yo soy... euh... I am... je suis el padre de... ma fille! You... vous la connaissez?

— Si, si, la conozco! Ah, bueno! Aqui es el padre y aqui es el marito! Bueno! (Ce crétin avait pris l'air émerveillé en même temps qu'il nous prenait, nous, aux épaules; chacun de nous serré contre sa hanche, nous luttions désespérément pour ne pas nous retrouver nez à nez en travers de sa poitrine.) Povres bougros! s'écriait encore Coriolan. Si, si, si! reprit-il. La conozco! La conozco! — et il nous dégagea non sans nous lancer à chacun une tape exagérément virile qui nous fit chanceler tous les deux.

— Il est bien dommage, dit mon beau-père un peu secoué en s'époussetant machinalement, il est bien dommage que je ne parle pas l'espagnol! No hablo!

Et à l'exemple de beaucoup d'ignares il envoya en même temps un sourire complice et satisfait à Coriolan comme si son ignorance de la langue pratiquée par celui-ci eût été un charme naïf et irrésistible à ses yeux.

— No hablo, mais j'ai été deux fois (dos! précisat-il en brandissant deux doigts devant Coriolan), pour des histoires de... enfin.!... et je connais votre fameux toast : «Amor, Salud y Pesetas, y tiempo para gustar-las !» ânonna-t-il.

(Mais que n'avait-il pas ânonné ?...)

— Un toast ? Bravo ! Bravo ! Un toast ! cria Corio-lan enchanté. Un toast !

Et il rattrapa la bouteille de whisky et en servit illico un grand verre à mon beau-père et à moi-même sans s'oublier le moins du monde.

— Si, si ! dit-il en brandissant son verre. Amor, Salud y pesetas, y tiempo para gustarlas ! Exacte-mente ! Ecco !

— Exactemente ! Exactemente ! dit mon beau-père d'un ton de louange dont on ne savait s'il l'adressait à Coriolan pour connaître sa propre langue ou à lui-même pour en avoir retenu un extrait. «Exactemente», répéta-t-il, et ne voulant pas me parler à moi il se rabattit sur la cantonade :

— Finalement toutes les langues se ressemblent, tout vient du latin, c'est simple. Il ne faut pas oublier que l'Europe s'exprimait en latin, ou en celtique. Mais asseyez-vous, señor Latello, je vous en prie ! — et il lui indiqua d'un geste généreux de maître de maison le malheureux siège Napoléon III. «Vous êtes ici pour affaires, señor Latelio !» s'enquit mon beau-père d'une voix concupiscente.

— Latello, deux «L», Latello, dos «L», précisa Coriolan. Latellio !

— Latelo ! Latellio ! marmonna mon beau-père énervé.

— No, no ! Latellio ! Latellio ! Lio, Lio, Lio ! rectifia Coriolan en rajoutant trois ou quatre «L», et je lui jetai un sérieux coup d'œil.

Il fallait qu'il arrête cette distribution de consonnes et qu'en même temps nous terminions cette comédie

159

déjà prête à mal tourner et que l'arrivée de Laurence allait rendre dramatique.

— Señor Latello, dis-je avec fermeté, por el vuestro telefono, es aqui ! — et je le tirai par la manche vers la sortie.

Mon beau-père se leva machinalement, se coupa en deux et nous regarda sortir avec impatience et, il me sembla déjà, un début de méfiance.

— Yo ritorno ! Yo ritorno ! lui lança Coriolan à la porte mais il commençait à craquer et à peine dans l'escalier il explosa.

Il descendit les étages en poussant des rugissements de rire et en me bourrant de coups de poing, comme un lycéen. Il était temps : dans l'ascenseur qui montait pendant que nous descendions, je sentis au passage le parfum lourd et trop âgé pour elle, le parfum de putain et de bourgeoise de mon épouse. L'explication, là-haut, entre le père et la fille après la disparition subite d'un señor Latello, noble espagnol, n'allait pas être dénuée d'intérêt. Malheureusement nous ne serions pas là pour la savourer. Je n'avais pas fini de rire de cette farce mais mon retour serait moins flambant. Et cette pensée dut se lire sur mes traits car Coriolan se rembrunit et, me prenant brutalement par la chemise, me secoua.

— Je te signale qu'elle t'a piqué ton argent et t'a fait passer pour un pantin devant tout le monde ; alors que moi, ton seul ami, tu me fasses passer pour un hidalgo devant son père, je te jure que ce n'est pas grave ! Je te jure que dans le bilan vacherie tu es encore tout à fait en retard...

Il me lâcha brusquement et repartit à grands pas vers la porte cochère. Je restai un instant pantois. Je le comprenais, bien sûr, mais comment lui expliquer

160

que si, dans le bilan des vacheries, j'étais effectivement très en retard, dans le bilan du bonheur de vivre
j'avais une telle avance que Laurence, ne pouvant me
rattraper sur ce terrain-là, ne pourrait jamais non plus
me rattraper sur les autres ? En réalité, tout se passait
comme si j'avais épuisé vis-à-vis d'elle, le soir de ses
manœuvres à la banque, mes capacités de chagrin en
même temps que mes idées de revanche. Tout cela
dans cette nuit amère où j'avais remâché sa trahison.
A présent, c'étaient les autres qui m'obligeaient à la
punir, les autres et sans doute moi-même, en prévi-
sion du jour où l'orgueil, le sens de la justice et de la
propriété, la virilité aussi peut-être qui faisait maintenant partie de mon caractère acquis prendraient le
pas sur ma nature profonde, passive, finalement
asociale. C'était pour ne pas m'en vouloir que je me
contraignais à en vouloir à Laurence, aussi ridicule
que cela puisse paraître.

On ne pouvait me demander de souffrir beaucoup
et d'être très frappé par les actes de quelqu'un dont
je n'avais jamais été, dont je n'étais toujours pas
amoureux fou, quelqu'un dont le comportement, en
outre, me semblait inspiré non par une hostilité réelle
mais par une sorte de passion envenimée. Seulement,
il se trouvait que pour une fois la société la plus
bourgeoise et mes amis les plus marginaux se réunis-
saient en un seul concert et attendaient de moi que je
me fâche, que j'en termine avec cette histoire. Et je
finirais sans doute un jour par penser comme eux.
C'était donc contre moi que j'entamerais la dernière
partie de ce combat sans combattants, ce procès où
certains me tenaient pour la victime et d'autres pour
l'accusé, dont, profondément, je ne me sentais que
l'apathique témoin. En tout cas pas le juge, jamais le

161

juge, qui ne pourrait que se tromper quel que soit le rôle qui m'échût. Quant à la conclusion de ces péripéties, il me semblait que Laurence, qui ne cessait de m'étonner — enfin — pouvait aussi bien en toute logique — sa logique — m'assaillir à coups de couteau ou partager avec moi un dîner fin. Bref, j'acceptais de me laisser bafouer mais pas trop longtemps, car je n'avais pas de stock d'indignation, de rancune ou de ressentiment. Pas non plus des stocks de tendresse, de passion ni de sentiment tout court. Et je savais cette carence chez moi plutôt odieuse pour ceux qui m'aimaient et peut-être même infernale. Raison pour laquelle en toute bonne foi et en toute indulgence j'admettais à cette crise deux fins éventuelles aussi différentes, toutes les deux feuilletonesques au demeurant mais l'une dans le tragique et l'autre dans le trivial. Il est vrai que la seconde était plus dans mes cordes.

Après le départ de Coriolan je marchai longuement dans Paris. Je remontai l'avenue du Maine puis, plus loin, finis par arriver sur l'ancien petit chemin de fer qui sillonne encore Paris de l'extérieur et lui fait une ceinture agrémentée de tessons de bouteilles, d'orties et de rails déchiquetés. Ceinture incomplète mais qui lui entoure la taille de ses boulevards Maréchaux et qui était une de mes promenades préférées. Marcher sur cette voie désaffectée me donnait la sensation de déambuler dans le décor déjà oublié de vieux westerns des années 30, ou dans des campagnes, ou sur des planètes étrangères et inconnues, ou à la fin du siècle passé, personnage des guerres de fortifs, personnage solitaire de Carco, de Bradbury ou de Fitzgerald... Depuis huit jours je n'avais même pas eu le temps de lire sérieusement un livre. Et mes moments de dépression venaient de là aussi bien que d'ailleurs.

L'automne s'avançait, le soir et le froid tombaient de plus en plus vite et c'est frigorifié que je poussai la porte du *Lion de Belfort* vers six heures. Tout le monde était là, le patron, les deux badauds et Coriolan. Les quatre levèrent la tête à mon entrée, répondirent à mon salut et détournèrent les yeux avec ensemble. Une sorte de consternation, de gêne pesait sur cet endroit généralement si détendu. «Est-ce que Laurence est passée ici prendre une citronnade?» demandai-je à Coriolan en m'asseyant en face de lui. Mais il ne sourit même pas, battit des paupières et tout à coup me tendit à travers la table la revue qu'il avait attirée près de lui sur la banquette à mon entrée. «Il faut que tu lises cela», dit-il. Je le regardai puis levai les yeux et vis le patron et les badauds qui s'absorbaient précipitamment dans leurs consommations. Que se passait-il encore?

La revue en question était l'hebdomadaire le plus lu de France et de Navarre et qui paraissait tous les vendredis. Elle venait juste de sortir sans doute et je m'étonnai de la hâte qu'avait mise le *Lion de Belfort* à la lire.

Je l'ouvris. Sur dix pages, je vis des photos de moi-même, étalées, grossies ou découpées, en tout cas prêtées par Laurence puisqu'elle était la seule à les avoir, des photos de mon enfance, surgies de je ne sais où, une en premier communiant, une en soldat, une au Conservatoire avec d'autres concurrents, puis cinq ou six au bord de la mer, à la maison ou à la portière de ma voiture, qu'avait jadis prises Laurence et, pour finir, deux ou trois clichés de nous deux assis sur un banc de pierre et à une terrasse de restaurant, les photos les plus plates qu'on puisse imaginer d'un couple mais qui, je le savais, étaient les nôtres et les seules nôtres. Un léger frisson me gagna. Cette confiance de Laurence, déjà grande sur les photos, promettait le pire pour le texte. Et en effet, la première page commençait en ces termes : « Il y a aussi des madones pour les poètes. » Le reste, je le lus lentement d'un bout à l'autre. Il en émergeait quelques sommets vertigineux dans le mensonge ou la bêtise, mais dont ressortait une bien belle histoire : Laurence, ravissante jeune fille riche, courtisée par tous les lions de sa génération, entrée par hasard dans un café du boulevard Montparnasse, tombait sur un jeune loup solitaire aux yeux tourmentés. Elle découvrait qu'il était compositeur, qu'il était très doué, il tombait amoureux fou d'elle, comme elle-même de lui au premier regard. Un jeune loup qui savait parler de musique, de poésie, mais pas d'argent, un jeune loup, de plus, au bord de la misère, un orphelin. Elle lui donnait aussitôt tout ce qu'elle possédait et qui n'était pas rien. Bien sûr sa famille s'inquiétait de l'état des finances du jeune homme mais l'amour de celui-ci les émouvait, ils finissaient par accepter le mariage. Seulement la mère de Laurence, bouleversée par toute cette affaire, mourait d'une crise cardiaque et le père de Laurence, hélas, leur en voulait et rompait avec eux. La jeune femme faisait front. Elle faisait front à tout un milieu, elle faisait front à l'absence d'argent, elle faisait front à un père ulcéré et à un jeune mari inquiet et maladroit. Un jeune mari qui voulait absolument vaincre pour lui plaire, qui essayait n'importe quoi, qui se présentait à mille concours où il échouait et qu'elle devait ensuite consoler. Mais elle souffrait de sa maladresse, surtout

164

envers ses amis à elle, car tantôt il voulait absolument les éblouir et il se trompait, tantôt il les snobait. Elle finissait vite par se retrouver seule avec lui et subissait ses caprices car il passait de la modestie la plus effrayante à l'exigence la plus folle pour tester ses sentiments. Mais elle l'aimait, ah, comme elle l'aimait, elle renonçait à tout pour lui, y compris à avoir des enfants — ce qui est pourtant normal chez une jeune femme — mais «quand on a un grand enfant, on n'en fait pas d'autre », disait-elle avec un sourire charmant et résigné à notre reporter. Tous ces échecs décourageaient le jeune loup qui s'assombrissait, des poils gris se mêlaient à ses cheveux noirs. Un jour par hasard elle rencontrait un ami à elle, un metteur en scène, et elle le suppliait, elle lui promettait le Pérou pour qu'il essaye la musique de l'ex-jeune loup. Et l'ami acceptait, et pour elle affrontait les producteurs. Pendant trois mois, quatre mois, le jeune mari s'échinait, composait des musiques trop intellectuelles, trop abstraites, dont elle devait le détourner doucement, très doucement pour qu'il ne se braque pas et ne renonce à tout. Enfin un jour il découvrait ces quatre notes d'*Averses* et elle l'aidait à extraire le reste, elle le soutenait «au péril de son propre équilibre» et l'accouchait du fameux tube sans avoir l'air d'y toucher. Un soir de juin — ou était-ce en juillet? Qu'importait la date ? — elle apportait cette musique au producteur hostile et au metteur en scène amical — tous deux las, blasés et tutti quanti — la leur faisait entendre et l'un jaillissait de son fauteuil, l'autre s'y laissait tomber selon sa position initiale mais tout le monde s'inclinait. Le succès couronnait enfin ses efforts, pansait les blessures d'orgueil du mari naïf qui souriait aux signes de ce succès (dont elle ne voulait pas lui révéler les tricheries). Il proposait de tout lui donner, bien sûr, mais elle refusait, elle désirait qu'il soit libre, qu'il reste libre de son destin, même si elle-même avait piétiné le sien pendant sept ans pour assurer leur avenir, leur présent et leur passé. Car quoi qu'il arrivât à ce jeune compositeur, et même ce prix suprême, cet Oscar possible aux Etats-Unis, tous les honneurs du monde n'empêcheraient pas qu'il se réfugie contre elle le soir venu et lui dise en tremblant : « Jure-moi que tu ne me laisseras jamais seul. » Fermez les guillemets, fermez l'article, fermez le ban. Je refermai le journal.

Je comprenais enfin le pourquoi de ce regain de popularité à mon égard. Je venais d'être sélectionné pour la meilleure musique de film à Hollywood. Ce que je ne comprenais pas, c'était tout le reste, ce confus, chaotique, ce grotesque et putride feuilleton que Laurence présentait comme notre existence. C'était écœurant. C'était pire qu'écœurant : abject, repoussant. Je comprenais les regards détournés de ces deux niais de badauds, du patron du *Lion de Belfort*, et même les yeux baissés de Coriolan, mon meilleur ami là en face de moi.

— Qu'est-ce que je peux faire ? demandai-je.

— Rien, dit Coriolan. Tu ne vas pas écrire dans *La Semaine* (l'autre hebdomadaire, rival de celui-ci) que ce n'est pas vrai et donner ta version des choses, non ? D'autant qu'elle a fait une telle salade avec tout ça. Comment veux-tu lui opposer un démenti complet ? Elle utilise des faits...

— Quelques faits tronqués et quelques vérités escamotées, dis-je. Effectivement, je ne peux rien nier et d'ailleurs je n'en ai pas envie.

Je croisai les mains distraitement, je n'avais même

plus l'impression que c'étaient mes propres mains, c'étaient celles d'un pauvre jeune mari qui, etc. J'avais honte. Pour la première fois de ma vie j'avais vraiment honte et chaud aux joues, je n'osais pas regarder les consommateurs ni le patron. Elle m'avait même ôté ça, cette garce. Je n'oserais même plus aller aux courses à présent.

— Et tu te rends compte de quel salopard tu aurais l'air si tu partais ? Les gens croient ce genre de choses. — Coriolan repoussa le journal vers moi de l'ongle. — Et elle ne lâche même pas un mot contre toi. Le pire qu'elle puisse dire, elle le dit gentiment, ça sonne comme une faiblesse de sa part, comme une horreur de la tienne. Ah non, non... et il secoua la tête, conseiller découragé.

Je me surpris à siffloter, à tambouriner sur la table du bout de mes dix doigts comme si j'avais brusquement quelque chose d'urgent à faire mais quoi ? Ah oui, je le savais à présent : mes bagages. Je me levai.

— Où vas-tu ? dit Coriolan.

Je sentais dans mon dos le regard des trois autres. Que peut faire un jeune mari aux yeux fiévreux dans ces cas-là ? Je me penchai vers Coriolan et chuchotai :

— Où je vais ? Faire mes bagages, mon vieux.

Et sans attendre une réponse de sa part je sortis et marchai à grands pas vers ma maison, sa maison, l'appartement où nous avions cohabité après nous être épousés.

CHAPITRE X

Nos défauts sont bien plus vifs et diligents que nos qualités, les avares sautent plus vite sur les moyens d'épargner que les généreux sur l'occasion de donner, les orgueilleux se vantent bien avant que les courageux ne se diminuent et les violents se battent avant que les pacifiques n'aient le temps d'intervenir. La même priorité règne dans les dualités internes. Ma paresse m'avait fait adopter le mode de vie offert par Laurence bien avant que mon orgueil ne m'ait poussé à chercher quelque travail; Laurence m'avait confié à la garde de cette paresse irrésistible tout en cherchant dans sa peur de me perdre un autre boulet à me mettre au pied et elle l'avait trouvé : la respectabilité. Si je la quittais à présent, je passerais forcément aux yeux de tout le monde pour le dernier des salopards, Coriolan l'avait dit lui-même. Mais Laurence oubliait notre différence de milieu. Elle avait été élevée dans le respect de l'opinion d'autrui, tandis que moi, élevé par des parents semi-anarchistes, je n'avais retenu de leurs propos que ce qui m'arrangeait, entre autres un grand mépris de la société. D'ailleurs ma facilité à me lancer dans ce mariage — dont les échos n'étaient que trop prévisibles — aurait dû éclairer Laurence, en tout cas l'avertir de ce côté bravache et provocateur, chez moi, qui affronterait avec délectation la colère de quatre cent mille lecteurs sentimentaux. Plus fort que tous les liens de l'habitude, de la reconnaissance et de l'intérêt comme de la paresse, le goût du défi me menait. Ah! cette épouse idéale me croyait ligoté par ses récits? Quelle grave erreur!

Je rentrai à la maison et commençai ma valise. Je me sentais distrait et soulagé. Ce sentiment qui m'animait, ce défi, n'était ni bien beau ni spécialement intelligent, mais du moins était-ce un sentiment irrésistible. (Et finalement, que demander d'autre ou de plus à nos sentiments sinon de nous entraîner sans nous laisser le temps de réfléchir?) J'empilai mes vêtements dans une valise et j'hésitai un instant devant le complet vert acide, le premier que m'eût acheté Laurence et qui m'avait fait si honte à l'époque. Mais je l'embarquai avec le reste. Ce n'était pas le moment de faire le dégoûté. Il aurait fallu trépigner tout de suite dans la cabine d'essayage, seulement ma situation d'alors m'empêchait de refuser un costume chaud: cela ne me serait même pas venu à l'esprit. A présent il était trop tard et dans le bon goût mieux valait jamais que trop tard.

J'allais vite sachant que je ne pourrais pas, devant Laurence, déplier et replier ces futurs souvenirs, fussent-ils de gabardine. De temps en temps, pour m'assurer de mon bon droit, je me penchais sur l'hebdomadaire ouvert sur mon lit et lisais au hasard. «Malgré tout ce qu'elle perdait, sa famille, ses amis, le monde, la jeune femme n'eut jamais un regret, elle savait que cet homme lui suffirait comme elle lui suffisait. » Mais que voulait-elle donc dire ? Pouvait-elle s'imaginer qu'elle avait remplacé le monde, qu'elle m'avait « suffi » ? Je ne m'étais jamais cru capable de suffire à qui que ce soit, je n'avais jamais cru non plus que quelqu'un puisse me suffire et d'ailleurs, d'une certaine manière, je ne l'aurais pas voulu. Cette prétention folle m'exaspérait. Je tournai la page. « Ils se rencontrèrent dans un café, elle y vit un jeune homme seul, maigre, silencieux et elle tomba amoureuse de lui en même temps qu'il tomba amoureux d'elle, au premier coup d'œil. »

Nous nous étions rencontrés dans un café de Montparnasse, en effet, où je m'amusais follement avec de joyeux drilles et un piano. Elle était arrivée avec une de ses amies, flirt de l'un de nous, et s'était cramponnée littéralement à notre équipe ; elle avait tout fait pour nous suivre, nous n'avions vraiment pas su comment nous en débarrasser. Cornélius et moi nous l'avions même jouée aux dés, cette chère Laurence, et c'est moi qui l'avais gagnée (si je peux dire). Oui, elle était tombée amoureuse de moi au premier regard, mais moi il m'avait fallu des semaines pour la voir et pour la supporter. J'avais couché avec elle avec méfiance tant elle me paraissait l'archétype de la jeune bourgeoise, et son tempérament avait été une heureuse surprise...

J'emballai les chemises, les livres et les foulards, les disques, l'appareil photo, les tickets de loterie, de loto. Je ne laissais guère que le Steinway et quelques paires de chaussettes trop chaudes que je n'avais jamais pu supporter. Je fermai les deux valises sans trop de difficulté — car mon trousseau était complet mais pas excessif — et pris sans remords les quatre paires de boutons de manchette, l'épingle de cravate et la montre qui composaient mon trésor de guerre. J'embarquerais aussi la voiture. Je me rappelais avec ivresse que l'assurance en avait été payée et que j'avais donc six mois de bon devant moi. Un million de dollars devrait suffire à rembourser tout ça, me disais-je, avec un certain bonheur à me sentir sordide.

Les bagages faits, bouclés, je mis mon fameux costume marron d'Al Capone et me jetai un coup d'œil dans la glace. Il me sembla avoir déjà rajeuni. J'allai vers mon piano, mon seul regret, et jouai pendant deux ou trois minutes, mélancoliquement, un air bizarre, toujours à partir de cet accord qui devenait obsédant. En même temps que je descendais et remontais le clavier autour de ces trois notes, la pluie se mit à tomber dru, en averses justement, avec leur bruit de gifle et de baiser. J'ouvris la fenêtre, m'y appuyai, reçus un peu d'eau tiède au visage et je la regardai et l'écoutai tomber une bonne minute avant de refermer les vitres poliment, précautionneusement afin que le tapis ne soit pas abîmé. Puis, faisant demi-tour, je pris une valise dans chaque main et m'engageai dans le couloir. J'aurais préféré dire au revoir à Laurence mais je n'avais vraiment pas la patience de l'attendre. Ce qu'elle me raconterait m'était de toute façon indifférent et c'est avec une sorte de désagrément que, passant près de sa chambre, j'entendis sa voix m'appeler.

— Vincent ?

Je poussai un soupir, posai mes valises et entrai dans sa chambre. Elle était à peine éclairée, comme pour une nuit d'amour, et son parfum y régnait une fois de plus. Je le reniflai profondément comme pour vérifier qu'il était déjà périmé dans ma tête. J'avais vécu cerné de ce parfum pendant sept ans, quelle histoire étrange...

— Oui?

Laurence était assise sur son lit, les jambes relevées sous elle, dans un chandail blanc qui l'avantageait, et elle tordait entre ses mains un foulard bariolé, un foulard d'été.

— Assieds-toi, dit-elle, s'il te plaît. Où allais-tu?

— Je m'en allais, annonçai-je d'une voix égale en m'asseyant sur le bord du lit. Mes valises sont dans l'entrée et je suis content de te voir, cela m'ennuyait de m'en aller sans te prévenir.

— T'en aller, t'en aller?

Et une immense stupéfaction changea son visage. Je la vis comme dans les romans, comme dans les films, se décomposer littéralement sous mes yeux, d'abord de stupeur, puis sous l'effet d'une terreur animale.

— Voyons, dis-je, tu as bien lu cette revue, là, *L'Hebdomadaire*.

Elle hocha la tête en me dévisageant comme si j'eusse été la statue du Commandeur.

— Oui oui, marmonna-t-elle, oui oui, je l'ai lue, bien sûr. Quelle importance? Qu'est-ce que c'est, qu'est-ce que ça veut dire, de quoi me parles-tu?

C'était à mon tour d'être stupéfait. Elle ne pouvait quand même pas ignorer le sens de ses propres mythomanies, de ses affabulations.

— Ecoute, tu l'as lue. Tu as donné cette interview, donc tu l'as lue. C'est écœurant, c'est infamant, c'est faux et puis oh... quelle importance! Je m'en vais, c'est tout. Nos rapports sont devenus des rapports de force, enfin des rapports hostiles et je déteste ça.

— Mais c'est toi! c'est toi qui les as faits comme ça! — Elle criait presque. — C'est toi! Moi je déteste que tu sois comme ça. Quand je te vois avec ton visage de bois, ton air fermé, partir je ne sais où, revenir je ne sais quand, et que je suis obligée de sortir pour ne pas rester là à t'attendre et à compter les heures, tu crois que c'est moi qui veux ça ? Mais tu me tortures, Vincent ! Tous les jours tu me tortures, tous les jours depuis une semaine. Je n'ai pas dormi depuis une semaine, je ne sais plus qui je suis !

Je la regardai, hébété. Elle était évidemment sincère et au bord de la crise de nerfs. Il fallait que je m'en aille au plus vite sans essayer de discuter sa vision opaque et aveugle des choses, je n'y parviendrais pas et nous nous ferions du mal, c'était inutile.

— Bon. — Je me levai. — Bon, disons que c'est ma faute. Et excuse-moi. Maintenant je m'en vais.

— Ah non, non !

Elle s'était à moitié levée du lit, maladroitement sur ses genoux, et se cramponnait à mon bras ; elle était sur le point de tomber, de piquer en avant et le ridicule, le grotesque de sa situation m'auraient été insupportables. Je me rassis précipitamment. Je ne voyais plus en elle ni une ex-épouse, ni une ennemie, ni une étrangère non plus. Je voyais en elle une femme horriblement nerveuse que je devais fuir au plus vite. Ses mains lâchèrent ma manche avec précaution, comme si cela avait été une ruse de ma part. Elle se laissa aller en arrière, le sang revint à ses joues, ce qui me fit mesurer sa pâleur précédente.

— Ah, dit-elle, tu m'as fait peur...

Je vis avec horreur les larmes jaillir de ses yeux comme une autre averse, aussi véritable que celle du dehors, avant que son visage ne se convulse, que sa bouche ne se torde et qu'elle ne se plaque les mains sur le visage, ne montrant plus que sa nuque et ses épaules secouées de sanglots.

— Mais où étais-tu, qu'as-tu fait ? Depuis trois

jours je ne vis plus, c'est affreux ! Ah Vincent, quelle horreur ! Mais où étais-tu ? J'ai passé mon temps à me poser cette question : où est-il ? que fait-il ? que veut-il ? Quelle horreur ! mais que faire, Vincent ? c'est odieux, Vincent, cette histoire.

Je la regardai, à la fois atterré et détaché. Je tendis la main vers ses épaules comme le fait tout homme poli vers une femme en larmes, puis la retirai aussitôt. Il serait cruel de la toucher et de la prendre dans mes bras. Elle était en mauvais état, elle se nourrissait de fiction, de mauvaise foi, de raisonnements absurdes, elle était aveugle, il ne fallait pas lui donner d'autres sujets d'égarement. Elle marmonnait quelque chose que je finis par comprendre.

— Où iras-tu ? Qu'est-ce que tu peux faire ? Rien, tu ne sais rien faire. Et puis c'est infect de ta part de me quitter dès l'instant où tu as un peu d'argent pour ça. Tout le monde va te trouver infect, tu le sais ? Tu n'auras nul endroit où aller, personne ne t'aidera. Mais que vas-tu devenir ? demanda-t-elle avec une véritable angoisse dans la voix qui me donna envie de rire.

— C'est bien possible tout ça, mais à qui la faute ?

Elle haussa les épaules comme si c'était vraiment la dernière question, le plus futile détail

— Ça n'a pas d'importance, dit-elle, de qui c'est la faute, c'est ainsi. Tu vas mourir de faim, de froid, qu'est-ce que tu vas faire ?

— Je ne sais pas, répliquai-je avec fermeté, mais en tout cas je ne reviendrai pas.

— Je le sais, dit-elle à voix basse, je sais bien que tu ne reviendras pas, c'est ça l'horrible. Depuis sept ans j'attends que tu partes ; depuis sept ans, tous les matins je regarde si tu es là ; tous les soirs je regarde si tu es en face de moi. Depuis sept ans j'ai peur d'en

175

arriver là. Et maintenant ça y est, ça y est. Ah ce n'est pas possible ! Tu ne te rends pas compte !...

Il y avait un accent si naturel dans sa voix, dans ce « tu ne te rends pas compte », que je la regardai avec curiosité. Elle releva la tête, les yeux complètement bouffis, défigurée par les larmes comme je ne l'avais jamais vue :

— Ah Vincent, tu ne peux pas savoir ce que c'est que d'être amoureux comme ça... Tu as de la chance de ne pas l'être, je t'assure que tu as de la chance. Et elle répéta : tu ne peux pas savoir ce que c'est.

Elle avait une voix révulsée pour me dire cela, mais, dans son horreur, objective, une voix qui ne contenait pas la moindre rancune ni le moindre chagrin « privé » si je peux dire. Elle faisait simplement devant moi la constatation de quelque chose qui lui arrivait et en quoi je n'avais pratiquement aucune responsabilité. Je le compris et cela me fit un coup au cœur, comme si elle m'eût annoncé qu'elle avait un cancer ou quelque autre maladie mortelle.

— Mais, dis-je, tu ne crois pas que tu exagères un peu ? Ça aurait pu être un autre que moi, tu sais.

Elle me regarda à nouveau avant de remettre son visage entre ses mains.

— Oui, mais c'est toi, c'est toi, ça ne change rien ce que tu dis, rien, c'est toi. Il n'y a rien à faire et tu t'en vas en plus ! Je ne veux pas que tu t'en ailles, il n'est pas possible que tu partes, Vincent, il faut que tu le comprennes, ce n'est pas possible : je mourrai. Je me suis trop battue pour que tu restes, j'ai tout fait — j'en ai trop fait, je le sais bien — mais si j'avais eu des barreaux je t'aurais entouré de barreaux, si j'avais eu des boulets je t'aurais mis des boulets aux pieds, je t'aurais emmuré pour m'arrêter de souffrir comme ça,

176

pour être sûre, sûre, même une nuit, un jour, que tu sois là et que tu y restes. J'aurais pu faire n'importe quoi.

— C'est pour ça que je m'en vais, dis-je vaguement effrayé, c'est bien pour ça, mon pauvre chat, ajoutai-je malgré moi dans un dernier mouvement de pitié. — Car, pour une minute, ce n'était pas de Vincent, de Laurence et de leur vieille histoire qu'il s'agissait, mais d'un homme et d'une femme en proie à un problème sérieux et banal nommé l'amour, enfin la passion. Ce distinguo me donna quelque ressort.

— Tu ne m'aimes pas vraiment, dis-je. Aimer les gens c'est vouloir leur bien, c'est aimer les rendre heureux. Toi tu veux juste me tenir près de toi, tu le dis toi-même. Tu te fiches complètement que je sois heureux du moment que je suis là.

— C'est vrai, oui, c'est vrai ! Qu'est-ce que tu veux que ça me fasse ? Tu n'as que des petits malheurs, des petits ennuis, de la gêne, de l'agacement, parce que tu ne t'amuses pas assez ou que tu voudrais voir d'autres gens. Mais moi quand tu tournes la tête, ce sont des coups de couteau, tu comprends, c'est le vide, c'est le déchirement, je me cogne la tête contre les murs, je m'arrache la peau des ongles, je suis horrifiée de toi, tu comprends, Vincent, horrifiée de toi. Tu ne peux pas comprendre.

Ses propos m'intriguaient. C'était «Vénus tout entière à sa proie attachée». Malheureusement la vie est faite de sentiments plus minces, la vie quotidienne en tout cas.

— Il faudrait que tu te soignes, dis-je, il faudrait que tu te fasses soigner par quelqu'un qui te calme, qui te rende le plaisir de vivre.

Elle se mit à rire amèrement.

— Mais qu'est-ce que tu crois que j'ai fait depuis sept ans? J'ai essayé des médecins, des psychiatres, l'acupuncture, des calmants, la culture physique, j'ai tout fait, tout tenté, Vincent, tout. Tu ne peux pas savoir ce que c'est. — Et dans le seul instant d'altruisme qu'elle eût jamais, elle ajouta: C'est vrai, tu n'y es pour rien, mon pauvre chéri, vraiment pour rien, tu es même très gentil en général et très patient, c'est vrai. Mais tu es horrible aussi, terrible. Tu ne m'as jamais aimée, n'est-ce pas? Réponds-moi! Jamais. Tu n'as jamais senti ça, ce déchirement, cet étouffement, cette chose là... Et elle mit ses mains sur son cou au-dessus de ses seins, les appuyant contre son corps avec une expression bizarre comme si elle essayait d'écraser quelque chose entre ses paumes et son cou. J'hésitai.

— Mais si, dis-je, je t'ai aimée. A cela tu ne comprends rien, mais je t'ai aimée. Je n'ai pas vécu sept ans avec toi sans t'aimer, Laurence.

— Tu dis ça par politesse, cria-t-elle. Je t'en supplie, ne sois pas poli. Tout, mais pas ça! Ta politesse, ton air aimable, ta gaieté, ton rire, ta manière de respirer le matin, d'ouvrir la fenêtre, de marcher dans la rue, ta manière de boire un verre, de regarder les femmes, de me regarder, même moi, ton appétit de vivre, c'est horrible, ça me tue! Tu ne pourras jamais échapper à ça, pas plus que moi à toi. C'est fichu, fichu!

— Oui, dis-je avec un sentiment de bonheur, oui, c'est fichu.

Elle avança la main vers moi, me toucha l'épaule avec précaution.

— Alors tu comprends, reprit-elle, déjà que c'est fichu, tu ne vas pas me dire en plus que tu t'en vas?

Ça fait trop. Ce n'est pas supportable. Tu ne peux pas partir, Vincent?

Je l'avoue, je restai coi. Petit à petit le sentiment de sa misère, de son malheur, de l'énormité de ce malheur, que je découvrais avec un peu de peur, levait en moi une sorte de honte triste, une grande envie de tenter quelque chose pour cet être humain qui se tordait devant moi sur ce lit et dont je connaissais le grain de peau, le souffle, la manière de faire l'amour, la voix, le sommeil et rien d'autre. Je n'avais rien compris à Laurence, jamais. Je m'étais dit qu'elle m'aimait un peu trop sans imaginer que cet «un peu trop» pouvait lui valoir une vie d'enfer. Et j'avais beau la savoir quand même bête, méprisable, méchante, égoïste et aveugle, je ne pus m'empêcher de l'admirer confusément pour ce quelque chose que je ne connaissais pas, que je ne connaîtrais sans doute jamais, que je ne souhaitais pas connaître tout en le regrettant un peu. L'amour fou, c'était ça? Non, ça, c'était la passion malheureuse, ça n'avait rien à voir. Dans l'amour il y avait le rire, je le savais. Nous n'avions jamais ri ensemble, jamais pour de bon.

— Ecoute, dis-je, ce n'est pas la peine que je reste. J'ai essayé pour toi, pour moi, pour nous, mais ça ne peut pas durer. Je ne peux plus supporter cette dépendance vis-à-vis de toi, cet exhibitionnisme de notre vie, ces journaux, cette saleté autour de nous, je t'assure.

Elle n'avait entendu qu'un seul mot: dépendance, et elle sauta avec un cri bizarre sur sa table de nuit, attrapa son sac, en tira un chéquier et à ma grande stupeur se mit à griffonner dessus.

— Tout ce que tu veux, cria-t-elle, tout ce que tu veux, je te rends tout tout de suite, tiens, regarde, un chèque, deux chèques, trois chèques, c'est notre chéquier commun, j'ai été le prendre cet après-midi. Regarde, je les signe tous, tu prends tout ton argent demain, après-demain, le mien aussi avec, si tu veux. Reprends tout, fais ce que tu veux, dépense-le, claque-le, donne-le à tes amis, fais ce que tu veux mais ne pars pas, je t'en supplie, Vincent, ne pars pas. Ecoute, même si je te donne un seul chèque, un seul, tu peux tout reprendre avec, tu le sais ? Est-ce que tu restes ?

Je m'étais levé et la regardais avec répugnance. Cette femme en larmes qui signait avec un stylo et des mains déjà tachées d'encre un chéquier à moitié déchiré me faisait honte ; elle défaisait ce qu'elle avait mis si longtemps à arranger, ma capture, tel un geôlier vaincu. Et je m'en voulais de ne pouvoir profiter de cette défaite, je n'en avais pas le sang-froid pour le moment. C'était idiot mais je ne pouvais pas prendre un de ces chèques dont pourtant un seul aurait suffi.

— Prends-le, je t'en supplie, dit-elle à voix basse en s'immobilisant et en me regardant. Prends-le, je t'en prie. Reste et prends-le, mais ne pars pas. Trois jours, deux jours, reste trois jours, deux jours si tu veux mais ne pars pas ce soir, je t'en supplie, Vincent.

Elle me mettait carrément sous le visage un de ces fameux chèques signés de son nom. J'hésitai. Si je le prenais, je devrais rester en tout cas quelque temps ; et peut-être mon cynisme reviendrait-il à la surface et me commanderait-il de ficher le camp un autre jour. Mais je ne pouvais pas le prendre si j'étais sûr de partir. Après tout, c'était mon argent, pourquoi ne le prendrais-je pas ? Oui, mais elle verrait là un serment, et il serait horrible de lui mentir maintenant. D'autre part, si je ne le prenais pas, j'étais piégé. Je tomberais dans la misère avec Coriolan et personne ne savait comment ça finirait. Bien sûr, c'était mon argent mais il ne m'appartenait plus dans la mesure où elle me le rendait. Les idées se culbutaient dans ma tête, se cognaient. Ma morale — enfin, le peu que j'en avais — se battait avec mon instinct le plus vif. Le double sentiment d'horreur et de pitié que m'inspirait Laurence n'arrangeait rien. J'étais fort peu habitué à ces combats moraux entre moi et moi-même.

Aussi trouvai-je soudain plus simple de suivre mes deux impulsions les plus fortes et les moins contraires. Je pris le chéquier et le fourrai dans ma poche pour écarter de moi la misère, puis je pris Laurence dans mes bras et l'appuyai contre moi pour écarter d'elle la douleur. A part ces deux gestes, je ne voyais vraiment pas que faire de naturel et de convenable ou, comme disaient les gens, d'humain.

— Oh Vincent, balbutia Laurence contre moi, pardonne-moi, je ne ferai plus jamais ça, j'ai été égoïste, odieuse, je t'ai fait du mal, je t'ai humilié, j'ai tout essayé, je ne savais plus comment t'arracher ce sourire aimable et confiant du visage, cet air d'être ailleurs. Je ne ferai plus jamais ça, je te le promets, plus jamais. J'essaierai de te rendre heureux.

— Je ne te demande pas tant, dis-je en lui tapotant la tête, je ne te demande pas tant. Tâche simplement d'être un peu heureuse et de ne pas me prendre pour un petit chien. Redeviens gentille et douce, il faut que tu redeviennes douce, tu étais beaucoup mieux comme ça.

Elle s'étouffait à moitié, elle poussait des petits cris rauques dont je ne savais si c'était de soulagement, de chagrin ou de peur trop proche.

— Je te le jure, dit-elle, je te le jure. Il faut que je

181

t'explique pourquoi j'étais comme ça. C'est la panique, vois-tu...

Elle s'engagea dans un long et cruel récit, un film d'épouvante, où elle ne se ménageait pas (moi non plus d'ailleurs) et d'où il ressortait que Racine n'avait pas exagéré, ni aucun de ces romans que j'avais lus avec tant de considération et de surprise. Laurence me livrait des sentiments aussi insupportables, aussi démesurés. Je ne voyais pas d'où lui venait tant de passion, il n'y avait personne en elle qui fût fait pour ça. C'était comme si on avait lâché un génie poétique sur mon beau-père.

Mais plus elle parlait, plus je me rendais compte que j'étais resté pendant sept ans le témoin impuissant de sentiments que je n'avais rien fait pour susciter, tout en les côtoyant avec une légèreté quand même coupable. Oui, j'étais coupable, coupable de n'avoir rien vu — sinon d'avoir fait quoi que ce soit contre elle. Je me disais avec une vertueuse tendresse que j'allais l'aider, que je l'emmènerais partout avec moi, même aux courses, que je la raccommoderais avec Coriolan et que petit à petit je lui apprendrais à rire de ses propres excès, à éteindre ses feux sous l'ironie, avant de se brûler. Pauvre Laurence, pauvre enfant, pauvre jeune fille âgée, me disais-je en la berçant.

Et ce fut la pitié, plus tard dans la soirée, au fond de cette chambre si noire, alors qu'elle ressassait ce récit si extravagant et si plat aussi, ce fut la compassion qui me permit de lui prouver, de la seule manière dont j'étais capable de le faire, mon amour pour elle. Et effectivement, ces gestes la rassurèrent.

Quant à moi je me sentis choqué de l'entrain et de l'indifférence de mon propre corps.

CHAPITRE XI

Je me réveillai la tête sur le bras de Laurence. Je retrouvai aussitôt l'odeur et le grain de sa peau, son parfum et comme un sentiment de contentement et de quiétude que décupla le souvenir de ces chèques froissés, mais signés, dans la poche de mon pantalon, par terre. L'équilibre de cette femme, la survie de Coriolan, ma propre indépendance, dormaient là sur la moquette, à mes pieds.

Pauvre Laurence ! Elle dormait elle aussi, tellement éloignée, semblait-il, des épines et des échardes de sa passion. Je ferais tout ce que je pourrais désormais, me dis-je, pour combler ou adoucir cette infernale obsession. J'aurais tellement détesté pour ma part éprouver quelque chose de ce genre, j'aurais tellement détesté être à sa place. En attendant, je détaillais les traits de ma femme. Elle avait le front large de l'imagination, les pommettes hautes de l'orgueil et la bouche, volontaire en haut et sensuelle en bas, qui symbolise la dualité de tant de femmes modernes. Si seulement elle se résignait à ne pas confondre ses

183

habitudes de vie avec des règles morales et ses caprices avec des devoirs, la vie lui serait plus facile. En attendant il ne fallait pas qu'au nom de ses passions elle renouvelât ses tyrannies. J'avais été assez étrillé moralement, assez écœuré par ses manœuvres ! L'idée du ridicule et des sarcasmes qui m'attendaient encore à l'extérieur ne m'était pas non plus spécialement agréable. Non, il fallait d'ores et déjà que nous prenions ensemble certaines mesures et même certaines «décisions incontournables».

Emporté par ces beaux projets, je m'arrachai du lit et allai d'un pas ferme ouvrir les volets de sa chambre redevenue «notre» chambre pour respirer une grande bouffée d'air frais. Je laissai la fenêtre sous l'espagnolette à demi ouverte mais, pensant pieusement à la mère de Laurence, je revins tirer les couvertures sur ses épaules. Elle ouvrit les yeux, battit des paupières, me reconnut et tendit vers moi sa bouche arrondie en forme de baiser. (Quelqu'un d'inopportun en moi poussa un vilain juron.) Je posai un baiser rapide sur ses lèvres et repartis dans mon studio. Là, je me jetai sur ce lit de guerre que j'avais pensé quitter douze heures plus tôt et m'y étirai, content de retrouver ma solitude. J'avais pris quelques habitudes, en très peu de temps, que j'aurais du mal à reperdre aussi rapidement. Il faut dire qu'il y avait à peine une semaine que j'étais parti voir «Pas un sou» pour lui réclamer de l'argent. Le temps avait passé comme la foudre, une foudre qui avait ravagé les arbres et les cerveaux, secoué les marronniers et les cœurs. (De temps en temps, cette petite voix discoureuse en moi se faisait réentendre plus ou moins à bon escient.)

Il était quand même miraculeux que toutes ces péripéties m'aient laissé intact, dispos, de bonne humeur; plus, une sorte d'amusement, une hilarité cynique que je pourrais qualifier de post-opératoire me mettait des fourmis dans les jambes, dans la tête et m'empêchait de dormir. Je me relevai, allai vers mon beau piano — la trace la plus concrète, la plus sérieuse en fin de compte de cette semaine irréelle — et y plaquai machinalement mon fameux accord. Douze notes le suivirent aussitôt sans que j'y fasse attention, une fois, deux fois, trois fois jusqu'à ce que je cherche à leur attribuer une origine, une voix, une circonstance. En vain. Je jouai cette ligne mélodique en rock, en pop, en jazz, en slow, en valse, je lui cherchai des paroles françaises, anglaises, espagnoles, je cherchai un film... que sais-je, elle refusait tous les noms de chanteurs, tous les orchestres, toutes les offres de ma mémoire. Rien. Alors je repris ces notes comme je les entendais, je les relançai et les écoutai se répondre, toutes à leur place et toutes indispensables, toutes fluides; et je laissai s'en développer d'autres après elles, aussi évidentes, jusqu'à ce qu'elles aient formé un air complet, une mélodie, une chanson, qu'importait, mais quelque chose que j'écrivis aussi-tôt sur mon carnet de musique: quelque chose qui était musicalement beau, qui était entraînant et tendre, allègre et triste à la fois, une musique à peu près irrésistible.

Et celle-là, je tuerais quiconque oserait nier qu'elle était mienne, à moi, rien qu'à moi et moi seul. C'était «ma» musique. Je pouvais prendre à présent ces chèques dans ma poche et les jeter par la fenêtre, ils n'avaient plus d'importance. Toutes ces brouilles avaient été une funeste mais instructive plaisanterie dramatisée par l'inexistence de ces douze notes trop tardivement écloses. A moins qu'elles ne soient nées

185

de cette cuisante affaire ? Ou de... Je ne savais plus rien sinon qu'elles étaient là, que je les rejouais inlassablement, de plus en plus fort, de quoi réveiller l'immeuble entier. Mais l'immeuble ne bougeait pas. Heureusement car j'exultais ; et l'exultation était chez moi très proche d'une fureur heureuse qui ne supportait pas l'interruption.

Toute ma mélodie découlait de cet accord, ce fameux et bizarre accord que je jouais depuis quatre jours maintenant sans arrêt et sans m'en rendre compte, cet accord dont Coriolan m'avait demandé l'origine sans insister et sans que je lui réponde bien sûr. Comment aurais-je pensé que ces trois notes entraîneraient un développement de ce genre, amèneraient ces quatorze ou douze sœurs qui les suivaient toutes seules ? Cette musique vivace et tendre supporterait aussi bien les coupures et les tempos des rythmes modernes que la langueur d'un piano solitaire. J'en esquissai le squelette, j'égrenai les notes de ce leitmotiv une par une ou à la file, cinquante fois, en m'émerveillant chaque fois de leur complicité. Je répéterais deux fois l'introduction à la basse, puis je dégagerais avec une clarinette, un saxo, un piano et une guitare, et enfin arriverait la voix, une voix basse, une voix physique, il fallait une voix rauque, une voix rauque et mondiale pour cette chanson. C'était une musique qui évoquait des regrets, mais des regrets heureux. Je ne savais pas vraiment comment se faisait un succès musical ; mais je savais que les gens se rappelleraient en l'entendant plus tard avoir aimé quelqu'un sur cet air-là, avoir dansé sur cet air-là et avoir été bénis du ciel sur cet air-là. C'était ce qu'elle exprimait, mais pouvait-on appeler une musique *Regrets heureux* ? Qu'importait. Le principal pour une musique c'était que son souvenir vous émeuve et ce serait son cas. J'étais fou de joie, non pas fier de moi mais au contraire modeste pour une fois aussi. Dans un moment de panique possessive, je l'écrivis dix ou douze fois sur des portées différentes que je cachai dans les quatre coins de mon studio.

Puis, dernière épreuve, je téléphonai à Coriolan et lui jouai au piano et au téléphone mon nouveau-né. J'entendis aussitôt son silence, si je peux m'exprimer ainsi. Et je l'entendis après me dire que c'était une musique entièrement nouvelle, qu'il en était sûr, qu'elle était superbe, qu'il y avait quelque chose dedans de grisant, qu'elle n'existait pas jusqu'ici, qu'il en mettait sa main au feu et qu'il me pariait une bouteille ou dix bouteilles de whisky que ce serait le plus grand succès du siècle, etc., etc. Toutes choses que je bus comme du petit lait car je savais Coriolan capable de mentir sur n'importe quoi sauf sur la musique. Je me sentais enfin un compositeur, et pour la première fois car *Averses* était née dans le coin d'un studio et on ne l'avait répétée et jouée que deux heures avant d'en faire des partitions et de la glisser dans les creux du film, comme un voleur. Mais cet air-là, ces *Regrets heureux*, non, on aurait du mal à me le prendre et à en faire quoi que ce soit d'autre qu'une musique pour se rencontrer, se plaire, s'aimer, se chérir ensuite ou se regretter. Et, paranoïaque, comme le devient en finissant son œuvre le plus mauvais peintre du dimanche, paranoïaque donc, je ne voulais pas que ma musique évoque seulement tous ces sentiments, je voulais qu'elle y oblige.

Aussi quand je réalisai que la tache blanche et immobile sur le seuil de mon studio, à l'extrême limite de mon regard, était Laurence, et aussi qu'elle se tenait là depuis dix bonnes minutes, je fus partagé entre la peur qu'elle ait vu mon air de béatitude imbécile et le ravissement qu'elle ait été à ce point pétrifiée par le charme de ma musique. Je fis demi-tour sur ma chaise et la regardai. Un déshabillé arachnéen sur sa chemise de nuit claire, très pâle avec de grands yeux, elle était assez romanesque à voir.

— Comment trouves-tu ça? demandai-je en souriant.

Retournant vers mon piano je rejouai ma musique sur un air de samba lente, un air sud-américain comme je savais qu'elle les aimait.

— De qui est-ce? entendis-je dans mon dos, et sans même me retourner je lui lançai:

— Devine! C'est ton musicien préféré, ma chérie.

Le silence qui suivit ma phrase ne m'atteignit qu'après six ou sept secondes et je me retournai. Je vis son visage se durcir et je sus que tout était fini avant même qu'elle ne vienne vers moi, telle une pythie, sifflant des horreurs entre ses dents.

— Tu le savais, n'est-ce pas, hier? Tu as trouvé le courage de partir parce que tu savais que tu avais de l'argent devant toi, que tu allais en gagner? Tu partais parce que tu n'avais plus besoin de moi, n'est-ce pas? Mais quand tu as vu ce chèque sur notre compte commun, tu as quand même hésité, tu t'es dit «quel dommage!». Je me demandais ce qui te rendait si courageux, je n'arrivais pas à comprendre!...

Je me levai à mon tour, j'étais debout devant mon piano et je la regardai, interdit. Simplement interdit, sans aucune autre réaction. Cela dut la mettre encore plus en rage car elle s'approcha de mon piano et se mit à le frapper de ses poings et à le rayer de ses ongles.

— Tu t'es cru malin, hein? Eh bien je vais te dire

une chose : si cette maudite musique-là marche, tant mieux pour toi ! parce que ce chèque, ce fameux chèque que je t'ai donné hier, eh bien je vais y faire opposition, mon pauvre ami ! Quand on a un compte commun, crois-moi, une opposition, c'est pris au sérieux. Tu t'étais dit qu'une nuit pour un million de dollars ça valait peut-être la peine ? Tu t'es cru malin ? Et moi, tu me prenais pour une idiote, une idiote, une idiote ?

Elle hurlait de plus en plus fort : « Une idiote, une idiote ? » Elle hurlait, elle était à demi nue, déchaînée, elle devenait vilaine. C'est pour ne plus la voir que je partis en courant dans le couloir. Je ne fuyais plus la mauvaise foi, ni la sottise, ni la dureté, je ne fuyais plus quoi que ce soit d'abstrait, je fuyais une femme forcenée qui ne m'aimait pas et criait trop fort. Je ramassai mes bagages dans l'entrée, les jetai dans la voiture et démarrai. Dix minutes après je passai la porte d'Orléans.

La campagne était belle, verte, un vrai Pissarro, et, toutes vitres ouvertes, je respirais par la portière l'odeur de la terre mouillée au mois d'octobre. Je devais avoir cinq mille francs sur moi, j'essaierais de les faire durer et de rester le plus longtemps possible à me promener sur les routes. Quand je n'aurais plus un sou je rentrerais retrouver Coriolan. En attendant, j'avais besoin d'air.

Vers dix heures du matin le soleil sortit des nuages et je pensai que si ma nouvelle musique était un succès, si je redevenais riche, je m'achèterais une voiture décapotable. A onze heures j'étais aux environs de Sens et le concert de jazz que j'avais écouté jusque-là se termina. Je voulus siffloter mon fameux air mais ne pus le retrouver. Après un moment de vaine recherche, j'appelai Coriolan qui était sorti. Enfin je me rappelai les dix copies que j'avais cachées dans le studio et décidai de téléphoner à Odile, qui avait quelques notions de solfège, pour qu'elle me le chantonne discrètement à l'appareil. Il lui fallut longtemps pour me répondre et moi-même il me fallut longtemps pour comprendre à travers ses sanglots que Laurence s'était jetée par la fenêtre après mon départ et qu'elle était morte. Elle avait pris le soin de mettre une robe de chambre plus convenable avant de sauter.

Les voitures allaient très vite sur l'autoroute. Je fis demi-tour dès que je pus et repris la route de Paris. A mi-chemin, ma musique me revint en tête. Je la sifflotai entre les dents, obstinément, jusqu'au boulevard Raspail.